I0136206

SOUVENIRS

D'UN

VOYAGE.

PAR

Arthur MALLYE,

De Brioude (Haute-Loire).

BIBLIOTHÈQUE ROYALE

I

Clermont-Ferrand,
IMPRIMERIE DE PEROL, LIBRAIRE,
RUE BARBANÇON, 2.

1844.

SOUVENIRS

D'UN

VOYAGE.

———◆———

CHAPITRE Iᵉʳ.

Départ. — Lyon.

Réalisant enfin un vœu formé depuis plusieurs
années, je partis de Clermont (Auvergne), dans les
premiers jours d'avril 1842, dans l'intention de visiter le midi de la France, et de voir ces belles contrées dans lesquelles l'histoire, la poésie et l'imagination trouvent tant à admirer ou à recueillir.

Il était quatre heures de l'après-midi lorsque je quittai la vaste et belle place de Jaude. La diligence dans laquelle je pris place à côté de deux autres voyageurs qui se rendaient à Lyon, était, par une exception assez rare, parfaitement attelée, de sorte que nous eûmes bientôt laissé loin derrière nous la patrie de Pascal et atteint la ville de Thiers, dont je fus heureux de retrouver, en passant, le site tout à la fois si original et si pittoresque.

De Clermont à Thiers la route n'avait cessé d'offrir à nos yeux de riants paysages, des sites gracieux au sein des plaines les plus fertiles ; mais à peine a-t-on traversé Thiers, qu'un nouveau pays d'un aspect tout différent se présente aux regards : ce n'est plus un terrain uni et favorable aux coursiers, où les voitures entraînées dans une marche rapide emportent le voyageur avec une telle vitesse, qu'à peine peut-il jeter un coup d'œil sur les objets qui l'environnent; ce sont au contraire de longues côtes escarpées où les chevaux s'en vont gravissant, d'un pas lent et pénible, un chemin monotone et fatigant.

Mais déjà les sombres voiles de la nuit avaient enveloppé tous les objets semés sur notre route. Je ne dirai donc rien de Noiretable, de Boën, de Montbrison dont nous traversâmes le boulevard à la clarté douteuse de la lune.

Je ne parlerai pas non plus de mes deux compagnons de voyage, dont l'agréable conversation se traduisit pendant toute la nuit en ronflements dont les accords harmonieux ne cessèrent de me briser les oreilles que lorsque le soleil, se levant pur et sans nuages derrière l'horizon, vint, en nous permettant de contempler à découvert tous les paysages qui nous environnaient, nous faire jouir d'un des plus beaux spectacles que puisse offrir à l'homme la nature ici-bas. Qu'il est doux, en effet, durant un voyage, d'assister au lever de cet astre dont la bienfaisante influence va s'étendre aussitôt sur toute la nature. Au sein des villes, ce spectacle est inconnu ; assez d'autres viennent tour à tour abréger les heures et charmer les loisirs de tant de légers citadins, qui placent dans les plaisirs bruyants et factices tous les éléments de leur bonheur.

Mais à la campagne l'on peut à loisir rassasier sa vue de ce radieux spectacle, dont tous les vains efforts des hommes ne sauraient égaler la beauté. Roi puissant de l'univers, l'astre du jour se lève avec majesté ; soudain les ténèbres disparaissent, sa présence ranime la nature. Il fait naître et mûrir les fruits, féconde la terre, nourrice de l'homme, et souvent ses rayons, pénétrant par une fente mystérieuse dans le réduit du pauvre ou le cachot du criminel, portent aux cœurs affligés ou repentants un peu de consolation ou d'espérance. Belle image de l'homme vertueux, dont chaque jour est marqué par un bienfait, et qui, parvenu au terme de sa course, disparaît doucement comme le soleil, puis se relève comme lui, pour briller comme lui dans un monde éternel.

Mais pendant que mon esprit se complait dans ces graves et consolantes pensées, notre attelage poursuit sa course rapide, et bientôt Lyon nous a vu entrer dans ses murs. Lyon, cité célèbre entre toutes, la ville du travail et de l'industrie par excellence ; la ville de la bienfaisance et de la charité. Il est en effet peu de villes où la charité soit plus vive et plus efficace, et où l'on rencontre de plus nombreux asiles pour la misère et les infortunés. Et certes elle n'est pas la moindre des gloires de la cité lyonnaise, celle d'avoir vu s'élever, sur les magnifiques quais du Rhône, le plus riche et le plus vaste monument qui ait été fondé pour l'humanité souffrante. Lyon, à l'époque de la conquête des Gaules, avait si peu d'importance, que César passa sur elle sans la voir et sans la nommer.

Quelque temps après la mort de ce conquérant, un de ses lieutenants, nommé Lucius, suivi de quelques soldats restés fidèles à la mémoire de leur général, cherchant un lieu favorable à la fondation d'une colonie, furent arrêtés, au confluent du Rhône et de la Saône, par un assez grand nombre de Viennois qui, refoulés par les populations allobroges descendues de leurs montagnes, avaient dressé leurs tentes sur cette langue de terre, que fortifiaient naturellement ces fossés immenses creusés par la main de Dieu, et dans lesquels coulaient à pleins bords un fleuve et une rivière. Les proscrits firent un traité d'alliance avec les vaincus, et, sous le nom de Lucii Dunum, on vit bientôt s'élever les fondations d'une ville qui devait en peu de temps devenir la citadelle des Gaules, et le centre des quatre grandes voies tracées par Agrippa, et qui sillonnent encore la France moderne des Alpes au Rhin, et de la Méditerranée à l'Océan.

Alors soixante cités des Gaules reconnurent Lucii Dunum pour leur reine, et vinrent, à frais communs, élever un temple à Auguste, qu'elles reconnurent pour leur Dieu.

Ce temple, sous Caligula, changea de destination ou plutôt de culte; il devint le lieu de réunion des séances d'une académie, dont un des réglements peint tout entier le caractère du fou impérial qui l'avait fondé. Ce réglement porte que celui des concurrents académiques qui produira un mauvais ouvrage, et qui sera exclu au profit de celui qui aura mieux fait, effacera cet ouvrage tout entier avec sa langue, ou, s'il l'aime mieux, sera précipité dans le Rhône.

Lucii Dunum comptait à peine un siècle d'existence, et la cité née d'hier le disputait en magnificence à Massilia la grecque, et à Narbo la romaine, lorsqu'un incendie, attribué au feu du ciel, vint la réduire en cendres. De là la cause de cette absence de tout vestige de monuments anciens que l'on remarque dans cette antique cité.

Pour moi, en descendant de la diligence, mon premier soin fut de porter mes regards avides sur tous les objets environnants, et, suivant à pied le quai de la rive droite de la Saône, je promenai mes yeux tantôt sur ces ponts nombreux et élégants qui joignent les deux rivages, ou sur ces barques légères qui sillonnaient les eaux du fleuve; tantôt sur ces quais eux-mêmes si gracieux et si animés, ou bien sur ces maisons aux étages si multipliés qui les bordent. Mais ma vue s'étendait aussi au loin dans l'enceinte de la ville, et cherchait à y découvrir quelques-uns de ces monuments qui déjà, et à une autre époque, avaient été l'objet de mon attention. J'apercevais alors, à droite, l'antique cathédrale de Saint-Jean avec ses quatre tours carrées, surmontées d'une croix (1).

Le portique et la façade appartiennent à l'architecture du XIVe siècle, et révèlent les progrès qu'avait fait alors l'art oriental dans l'Occident, et, sur une colline située sur la rive gauche, je voyais à la place de ce magnifique édifice, destiné autrefois à ces marchés immenses où la Bretagne et la Grèce, l'Afrique et la Perse apportaient tout ce que l'art ou la nature

(1) L'une d'elles renferme une cloche qui pèse trente-six mille.

produisaient de plus splendide et de plus recherché,
s'élever la chapelle de Notre-Dame-de-Fourvières.

Bien que l'heure du départ du bateau à vapeur
approchât, je ne pus résister au désir de voir encore
une fois cet oratoire mystérieux, où l'on vit couler
tant de larmes et où tant de prières s'élèvent pour demander au ciel des consolations et l'espérance.

Après avoir donc parcouru, seul et sans guide, les
superbes quais du Rhône, l'Hôtel-de-Ville, près duquel je retrouvais les souvenirs sanglants de Cinq-Mars
et de Thou, et cette magnifique place de Bellecour,
que décore si merveilleusement la statue équestre de
Louis XIV, par Lemot, je me dirigeai vers la chapelle. Quel magnifique spectacle j'aperçus alors au
pied de cette colline révérée! Les eaux de la Saône et
du Rhône roulent séparément dans la plaine, et l'œil
qui les suit au loin ne découvre bientôt plus qu'un
seul de ces fleuves, roulant alors plus majestueusement, et fier du tribut des ondes dont son immense
lit vient de se grossir encore.

C'est là, au confluent de ces eaux diverses, et dans
la presqu'île formée par le rapprochement de leurs
cours, que l'on voit amoncelé cet amas innombrable
de maisons pressées et entassées, au sein desquelles la
population lyonnaise s'agite et se livre à cette industrie qui porte son nom et sa renommée dans toutes les
contrées de l'Europe. Je ne pouvais me lasser de contempler, du haut de cette montagne, la vaste enceinte
de cette antique cité.

Mais parfois aussi je me sentais attristé, en son-
geant à ses malheurs, en me rappelant les funestes
discordes civiles qui, trop souvent, ont déchiré son
sein et troublé le repos de ses nombreux habitants.
Mal horrible!..., et qui peut-être menace de se re-

produire encore, si l'on ne s'occupe sérieusement d'en
faire disparaître la cause ; car, si Lyon est une ville
riche, animée, vivante, son principe de vie c'est le
commerce, c'est l'industrie : c'est là la source de sa
prospérité; c'est de là que cette nombreuse population
d'ouvriers qu'elle renferme, tire tous les éléments
de son existence. Aussi les métiers viennent-ils à
s'arrêter, faute d'ouvrage, comme si elle était frappée
au cœur, la ville ne présente plus qu'un corps paralysé.
Soixante mille individus se trouvent alors sans pain ;
et la faim, toujours si impérieuse, la faim, qui n'attend pas, enfante la révolte, qui bientôt ensanglante
et couvre de victimes la seconde ville de France. Oh !
quand la cause de pareils résultats finira-t-elle par
disparaître ? Quand la politique sentira-t-elle enfin le
besoin de s'entendre avec les lois de l'humanité?.. Tels
étaient les vœux qui absorbaient ma pensée, lorsque
je m'aperçus que l'heure du départ approchait ; je
me hâtai de descendre la montagne, et à peine fus-
je arrivé sur le quai du Rhône, que ce cri : Embarquez-
vous, embarquez-vous! se fit entendre. A ce cri, répété
pas la voix sonore de graves mariniers, la foule s'é-
tait précipitée sur le rivage. Quatre heures du matin
venaient de sonner, et la cloche aiguë du bateau à
vapeur le *Syrius* s'était faite entendre, appelant à son
bord les voyageurs qu'il devait transporter à Avignon. Je pris donc place parmi les passagers, et le
patron du navire ayant donné le signal du départ,
nous sentîmes bientôt la machine enfumée se mou-
voir rapidement sur l'onde, avec ce bruyant roulis
qui précède et suit toujours sa marche à travers les
flots.

CHAPITRE II.

Navigation sur le Rhône. — Vienne. — Valence.

Décrirai-je ici les incidents divers de cette navigation si rapide et si délicieuse ? Dirai-je combien sont
majestueuses les rives du Rhône qui disparaissaient
devant nous, dès que nous les avions saluées d'un
seul de nos regards ? Ce ne sont point les rives gracieuses et si riantes de la Saône, que tout poète aime
tant à chanter et à décrire. Un autre genre de beauté
s'attache à celles qui bordent le cours du Rhône dans
ces lieux. Ici la nature, plus mâle, plus imposante,
semble déployer avec orgueil, ses trésors de majesté et
de grandeur. Ici les cieux, la terre et les eaux con-
courent également à célébrer à l'envi la puissance et
la gloire de l'auteur de l'univers ; et lorsque, après

avoir admiré tour à tour auprès de lui ou dans un lointain horizon, les belles, les hautes montagnes de l'Isère, de la Drôme ou du Vivarais, le voyageur laisse retomber sa vue sur le vaste lit du fleuve qu'il parcourt, il ne peut se lasser d'admirer la sublime harmonie que la Providence a su répandre dans les œuvres merveilleuses étalées sur ses bords.

Parlerai-je maintenant des villes et des bourgs semés sur la route des deux côtés du rivage, et réunis le plus souvent à la rive opposée par l'un de ces ponts susdendus, à la forme légère et élégante, que l'on rencontre en si grand nombre sur le cours du grand fleuve? Vienne, Saint-Vallier, Tain, Tournon, Valence, Saint-Andéol, telles sont les villes qui bordent tour à tour le Rhône, avant que ses flots viennent baigner les murs du Pont-Saint-Esprit. Il serait trop long et superflu de parler de chacune d'elles. Mais ne dois-je pas m'arrêter un instant près de Valence, et saluer d'un regard particulier Vienne, cette noble cité, aux antiques souvenirs, dont l'origine se perd dans la nuit des temps?

Lorsque notre navire passa près de son enceinte, le soleil commençait à peine sa carrière, et ses rayons naissants doraient d'un jour mystérieux et pur les nombreux monuments d'une ville qui compte parmi toutes ses gloires, celle d'avoir été la première éclairée du soleil du christianisme dans les Gaules.

Nous l'aperçûmes alors au pied d'un amphithéâtre de collines, resserrée entre des montagnes et le fleuve, s'étendant longue et majestueuse sur la rive gauche du Rhône.

L'origine de cette ville est inconnue. Suivant Adon, elle aurait été fondée cinquante-trois ans avant Rome, et 806 ans avant l'ère chrétienne. D'autres historiens placent sa construction à une époque plus reculée encore. Quoi qu'il en soit, tout porte à croire que Vienne fut construite par les Allobroges, peuples braves et guerriers, qui luttèrent long-temps contre la fortune des Romains, et ce fut sans doute à cause de son heureuse position sur les rives d'un grand fleuve, qu'ils la choisirent pour leur capitale.

Une foule de souvenirs antiques, soit sacrés, soit profanes, se rattachent à l'histoire de cette noble cité.

Une tradition rapporte que Ponce Pilate, l'ancien gouverneur de la Judée, ayant perdu les bonnes grâces de César, se retira à Vienne, dont il fut nommé préteur. On montre encore dans ces lieux un vieux monument qui lui servait, dit-on, de prétoire ou de tribunal. J'ai dit que Vienne fut le berceau du christianisme dans les Gaules. Quelques-uns de ses anciens évêques, tels que saint Mamert, saint Adon et saint Avite, sont mis au nombre des bons écrivains de leur temps.

Les prélats de cette église prirent de bonne heure le titre d'*archevêques*; ils y joignirent plus tard celui de *primats*, et enfin, quand ce dernier titre fut pris par d'autres archevêques, désireux de conserver leurs droits, ils se qualifièrent de *primats des primats des Gaules* (1).

La cathédrale de Vienne, dédiée à saint Maurice, est un superbe monument d'architecture gothique. Commencée en 1052 par les anciens prélats de Vienne, elle fut achevée en 1513. On arrive au portail de cet édifice par un perron de vingt-huit marches; ce portail, remarquable par sa largeur et son élévation,

(1) Voir Mermet ainé, histoire de Vienne.

est décoré de nombreuses figures sculptées dans la pierre ; il est surmonté de deux hautes tours. L'intérieur de cette belle basilique répond à la majesté de son extérieur. La voûte, peinte en azur avec des étoiles d'or, et soutenue par quarante-huit piliers, est d'une élévation prodigieuse, et tout autour de l'immense enceinte on voit régner un rang de galeries bordées de balcons gothiques en pierre.

Plusieurs conciles importants ont été tenus à Vienne : le plus célèbre est le quinzième concile général, présidé par Clément V, en présence de plus de trois cents prélats et du roi Philippe-le-Bel, accompagné de son frère et de ses trois fils. C'est dans la seconde session de ce concile, tenu le 3 avril 1312, que le souverain pontife publia l'ordre de la suppression des Templiers.

Si des souvenirs de l'histoire sacrée nous passons à ceux de l'histoire profane, Vienne nous offrira encore de nobles débris, bien dignes d'arrêter dans ses murs les pas du voyageur.

Lorsque les Romains eurent enfin soumis les Allobroges (60 ans avant Jésus-Christ), ils songèrent à faire de leur capitale un boulevard formidable, tant pour défendre cette contrée contre les invasions des peuples divers, auxquelles ils devaient s'attendre, que pour comprimer plus facilement les Allobroges eux-mêmes, dont ils avaient appris à connaître l'esprit indépendant et l'humeur belliqueuse.

De nouveaux remparts furent donc élevés, qui renfermèrent dans leur enceinte cinq montagnes fortifiées comme autant de citadelles (1).

(1) C'étaient le mont Salomon, Arnaud, Quirinum, Cryspum et le mont Pipet.

La colonie de Vienne devint dès lors florissante.
Jules César, à son passage dans ses murs, vit avec un
secret orgueil les embellissements qu'avait reçus cette
cité, et, touché des services essentiels que lui avaient
rendus maintes fois les Allobroges, il conçut pour ces
peuples un sincère attachement, dont il leur donna
souvent des preuves non équivoques.

Les habitants de Vienne reçurent pareillement des
concessions et des immunités de la bienveillance
d'Auguste. On vit, à différentes époques, plusieurs
d'entre eux siéger dans le sénat romain, au nombre
des sénateurs. Tibère, Caligula, Claude, visitèrent
tour à tour cette cité, regardée alors comme l'une des
plus importantes des Gaules, et l'on vit successivement ces maîtres du monde, devant qui tremblait la
terre entière, contraints, comme malgré eux, de
courber ici leur sceptre, pour combler de leurs bienfaits une ville toujours fière de ses droits, de son indépendance, et à la fidélité de laquelle ils attachaient
le plus grand prix (1).

Vienne renferme des monuments de tous les âges,
à dater des Romains; mais le temps, les guerres et
les hommes en ont détruit la majeure partie.

Quel que soit, en effet, l'endroit du sol que fouille
ici la main de l'antiquaire, il rencontre d'immenses
débris de temples, de palais, de portiques, qui révèlent l'opulence et la grandeur dont jouit autrefois
cette cité. Une partie de ces trésors, dérobés à la terre,
sont conservés dans un riche musée, que ne manquent
jamais de visiter les voyageurs arrêtés sur ces bords.

Parmi les monuments qu'on y admire encore, on
remarque les ruines d'un ancien théâtre, en forme

(1) Voir Mermet aîné.

de demi-cercle, un superbe arc de triomphe, dont l'arche principale a 44 pieds de hauteur sur 22 d'ouverture, et enfin, un temple dédié à Auguste et à Livie, que l'on peut comparer en quelque sorte à celui de Nîmes, appelé *la Maison-Carrée*.

Un autre monument, bien mieux conservé, se voit hors de la ville, près de la porte d'Avignon, à peu de distance de la route. C'est une pyramide d'une grande hauteur, soutenue par quatre piliers. Les angles sont ornés d'une colonne engagée, et les quatre faces sont percées d'une arcade. Cet édifice, connu aujourd'hui sous le nom de *Plan de l'Aiguille*, est un cénotaphe demeuré toujours inachevé, auquel se rattache le souvenir d'une bien tragique histoire.

Sous le règne de l'empereur Claude, il existait à Vienne un noble guerrier nommé Valérius Asiaticus, à qui ses vertus et sa vaillance avaient fait décerner deux fois les honneurs consulaires. Il était chéri de ses concitoyens et dans toutes les Gaules, à cause de sa valeur et de sa générosité. — Il avait également su conquérir l'amour du peuple romain et de l'armée; mais l'envie, qui s'attache toujours aux pas des hommes élevés, ne tarda pas à flétrir de son souffle hideux une réputation si belle et si bien méritée. Messaline, femme de l'empereur, jalouse de la beauté de Sabina Popea, maîtresse de Valérius, conçut elle-même une haine violente contre cet illustre Gaulois, et le représentant comme trop puissant pour n'être pas dangereux, elle fit accroire à son époux que sa propre conservation exigeait qu'il fût immédiatement livré au supplice. Le crédule empereur vit aussitôt et sa couronne et sa vie en péril, et Valérius Asiaticus, bien qu'innocent, fut enlevé de sa maison de campagne à Baïes, chargé de fers et conduit à Rome. Là, il fut interrogé dans l'appartement même de Claude, et l'infâme Messaline ne rougit pas de se trouver présente aux débats de cet affreux procès. Des témoins subornés chargèrent le noble guerrier du poids de plusieurs crimes ; mais lorsqu'il lui fut permis de présenter sa défense, il le fit avec tant d'éloquence que l'empereur s'attendrit et reconnut l'innocence de son ancien général, tandis que Messaline était obligée de sortir de l'appartement pour cacher et son dépit et ses larmes.

Cependant la perte de Valérius avait été jurée : innocent ou coupable, il fallait qu'il pérît sous les coups d'une femme jalouse et sanguinaire. De vils courtisans accoururent à son aide, et la sentence de mort fut enfin arrachée à la faiblesse du tremblant empereur.

« Asiaticus, dit l'historien de Vienne (1), se prépara
» à la mort avec une fermeté héroïque ; il mit ordre
» à ses affaires, prit un bain, et commanda un grand
» repas où il fut très-gai, même en faisant ses adieux
» à ses amis. Il alla ensuite visiter son bûcher pré-
» paré dans ses magnifiques jardins, et le fit changer
» de place, dans la crainte que les flammes n'endom-
» mageâssent des arbres rares dont il était trop rap-
» proché. Il finit par ordonner qu'on lui ouvrît les
» veines, et bientôt il perdit la vie avec le reste du
» sang qu'il avait si généreusement répandu dans
» plus de trente batailles. »

La nouvelle de sa mort répandit dans Vienne la consternation et l'effroi. Ce n'était partout que pleurs et gémissements ; peu s'en fallut que l'affliction publique ne se tournât en une vengeance éclatante. Le

(1) Mermet aîné.

sénat viennois ordonna qu'un cénotaphe serait érigé
en l'honneur de Valérius Asiaticus, près de la *voie
domitienne*. On mit aussitôt la main à l'œuvre; mais
Claude, poursuivant de sa haine jusqu'à la froide
pierre du cercueil vide d'un infortuné guerrier, fit
ordonner aux Viennois de cesser sur-le-champ leurs
travaux, sous peine d'en être sévèrement punis.
« Ainsi, le cénotaphe imparfait de Valérius Asiaticus
» traversera les âges comme un témoin de la dou-
» leur qu'excita la fin déplorable de ce grand homme,
» et de la haine qui le poursuivit au-delà du tom-
» beau (1).

Cependant notre navire continuait sa course rapide, et la ville de Vienne était restée bien loin derrière nous, pendant que ses souvenirs de grandeur et
de gloire agitaient encore mon esprit, lorsque Con-
drieu, Saint-Rambert, Saint-Vallier, se montrèrent
bientôt à notre vue, et, quelques heures après, nous
étions entre Tain et Tournon, qui bordent les deux
rives du fleuve réunies en ces lieux par un pont suspendu. Tournon, située sur la rive droite, est remarquable par les ruines de son ancien château et
par son magnifique collége, qui jouissait autrefois
d'une si juste célébrité. L'aspect du château, dont la
position est si pittoresque, rappelle naturellement le
récit qu'a fait le savant Grégoire de Tours (2) d'un
accident étrange arrivé jadis sur ces bords. L'auteur
des Mémoires sur l'histoire du Languedoc en fait aussi
mention, s'appuyant de l'autorité du saint évêque (3).

(1) Histoire de Vienne.

(2) Voyez Grégoire de Tours, hist. franc. l. IV, ch. 31.

(3) Voyez Mémoires de l'histoire du Languedoc, par Guillaume
de Catel, p. 358.

Nous citerons ici les propres paroles de ce dernier
historien, dont le style naïf rend fidèlement une partie du texte latin de l'auteur original.

« Grégoire de Tours.... décrit sa situation (du
» chasteau) en disant qu'il arriva dans les Gaules,
» au chasteau de Tornon, qui est situé en une mon-
» tagne sur le Rhosne, un estrange prodige, car
» l'on entendit un mugissement l'espace de 60 jours
» dans ladite montagne, laquelle enfin s'ouvrit et se
» sépara d'une autre montagne qui luy estait voisine :
» tellement que les hommes, églises, maisons et ri-
» chesses qui estaient sur ladite montagne tombèrent
» dans le Rhosne et empeschèrent en telle façon le
» bord de la rivière, qu'elle passa par derrière, car le
» lieu estait de toutes parts enclos de montagnes en-
» tre lesquelles passait un torrent. La rivière estant
» ainsi débordée, emporta tout ce qui estait au bord
» d'icelle » (1).

L'historien ajoute, d'après la légende, que trente
moines, accourus en ces lieux, fouillèrent dans la montagne, et que la vue des trésors qu'ils trouvèrent ren-
fermés dans son sein, y retenait imprudemment leurs
pas quand soudain de nouveaux mugissements se firent
entendre. Une autre partie de la montagne restée debout vint à s'écrouler, et ensevelit sous ses débris

(1) Igitur in Galliis magnum prodigium de Taureduno castro ap-
paruit quod super Rhodanum fluvium collocatum erat, qui, cùm
per dies ampliùs sexaginta nescio quem mugitum daret, tandem
scissus atque separatus mons ille ab alio monte sibi propinquo,
cum hominibus, ecclesiis, opibusque ac domibus, in fluvium ruit,
exclusoque amnis illius littore aqua retrorsùm petiit, etc. (Greg.
Turon., livre IV. chapitre 31.)

tous ces infortunés, dont on n'a jamais pu dans la suite retrouver aucune trace (1).

Vers le milieu du jour, le chef-lieu du département de la Drôme se présenta à nos regards. L'origine de Valence date de la plus haute antiquité, puisque, suivant certains historiens, elle aurait été fondée 1500 ans avant Jésus-Christ. Cependant l'on y trouve peu de traces de souvenirs antiques. Cette ville est heureusement située sur la rive gauche du Rhône. Un magnifique pont suspendu est encore ici jeté sur ce fleuve, et, sur la droite, on découvre, au plus haut sommet d'un mont voisin, le château de Crusso! qui domine toute la contrée. —Valence est dépositaire du tombeau du pape Pie VI, qui, après une orageuse captivité, vint mourir sur ses bords, et dont le beau buste en marbre, de Canova, orne aujourd'hui la belle cathédrale de cette ville.

Après la mort de ce pape, son cœur avait été déposé dans une urne et renfermé dans la citadelle, et son corps enseveli dans un cimetière commun.

Mais en 1799, et par suite d'une décision prise par les consuls, le corps de Pie VI fut exhumé et transporté, deux ans plus tard, c'est-à-dire après le concordat accordé à Pie VII, dans la basilique de Saint-Pierre de Rome. — Quant à l'urne qui contenait le cœur de ce prince de l'Eglise, elle fut rendue à la ville de Valence, et c'est pour le recevoir que fut élevé le monument que surmonte et décore d'une manière si admirable le buste, par le célèbre artiste que nous venons de citer.

Après la cathédrale, un seul monument fixe à Valence l'attention des voyageurs. Il est connu sous le

(1) Voir Grégoire de Tours, au lieu cité.

nom de Tour-Penchée. Sous le rapport de l'art, il n'offre rien de remarquable, et présente peu d'intérêt, mais il est fort antique, et c'est à son grand âge que l'on doit surtout attribuer les nombreuses visites dont il est l'objet. Les traditions populaires font remonter son origine au 3e siècle. — De plus, elles apprennent que, bien que toute neuve à cette époque, cette tour s'inclina pour saluer les chrétiens saint Félix, Fortunat et Irénée, qui marchaient au supplice, et depuis lors resta miraculeusement penchée, en souvenir de leur martyre.

Après avoir quitté Valence et laissé derrière nous Viviers et le bourg Saint-Andéol, nous aperçûmes au bout de l'horizon, comme autant de cercles argentés, brillant sur les flots, les nombreuses arcades de ce pont superbe qui donne son nom à la petite place forte bâtie sur la rive droite du fleuve, et qui appartient moitié au Languedoc et moitié à la Provence.

Le pont de Saint-Esprit fut construit durant le cours du moyen âge, par des religieux *pontifices*, dont le principal emploi était de se livrer à des travaux de cette nature. Les arches dont il se compose sont au nombre de vingt, et ont toutes été baptisées et reçu un nom, dont le but était, en cas de malheur, c'est-à-dire lorsqu'un bateau se brisait, d'indiquer tout de suite vers quel point il fallait diriger les secours.

Dirai-je la légende qui se rattache à sa construction? S'il faut en croire une vieille tradition, parmi les ouvriers de la contrée que les moines *pontifices* employaient, il y en avait un, être inconnu, mystérieux, que tous ses compagnons environnaient d'estime et de respect. Toujours le premier à l'ouvrage, il travaillait avec une ardeur infatigable, puis, quand venait sur le soir l'heure du paiement, il dis-

paraissait aussitôt. Les yeux le cherchaient en vain,
et le lendemain seulement, au retour du soleil, on le
retrouvait à la place de la veille, poursuivant sans
relâche son utile labeur. Grâce à ses soins, le pont
fut heureusement terminé. Or, on dit que le peuple
étonné s'écria tout d'une voix que le Saint-Esprit,
caché sous la figure du bienfaisant ouvrier, avait
présidé lui-même à ses immenses travaux. De là vient
l'origine du nom de Pont-Saint-Esprit, et certes, à la
vue de la largeur et de la profondeur du Rhône dans
ces lieux, on serait tenté de croire qu'un être surna-
turel a présidé à la construction d'un pareil édifice,
si l'on ne savait ce que peut la main de l'homme et
les merveilleuses créations que l'on doit à son génie.

C'est non loin de là qu'est située la ville de Mornas
avec son vieux château, et cette trop fameuse citadelle qui, l'an 1565, alors que des guerres religieuses
ardentes et acharnées désolaient le Midi, fut le
théâtre de si horribles excès.

L'histoire rapporte, en effet, qu'à cette époque, les
catholiques s'étant introduits dans la ville, s'emparèrent par surprise du château et de la citadelle, et
que quelques-uns d'entre eux qu'animait sans doute
à un plus haut degré le fanatisme, tendirent le devant de leurs portes avec la peau des vaincus. Le baron des Adrets, François de Beaumont, qui était alors
à la tête de l'armée protestante, ayant été instruit de
ce fait, envoya immédiatement son premier lieutenant, Dupuy-Montbrun, à l'effet d'en avoir raison
et de reprendre Mornas, dont la forteresse, à cause
de sa situation, était pour lui extrêmement importante. Montbrun était aussi ardent protestant qu'il
avait été zélé catholique; il fit le siège de Mornas, et
après une lutte terrible, il reprit le château, et la gar-

nison catholique se trouva ainsi livrée à la discrétion des protestants.

Le baron des Adrets arriva le lendemain; Il fit rassembler la garnison sur la plate-forme de la citadelle, et ordonna que chacun des malheureux qui la composaient se précipiterait du haut en bas, c'est-à-dire de plus de deux cents pieds. L'un d'entre eux, après trois élans consécutifs, hésitait encore à faire le saut fatal. C'est assez de trois fois, dit avec impatience l'homme sanguinaire. Ah! Monseigneur, je vous le donne en dix, répond aussitôt le prisonnier. Ce bon mot lui valut sa grâce.

Mais notre navire avait cheminé, et bientôt, après avoir salué le village de Roquemaure, près duquel Annibal, alors qu'il se préparait à ce duel immense, à ce duel à mort qui devait anéantir ou Rome ou Carthage, traversa le Rhône. Nous débarquâmes à Avignon, cette belle capitale du Comtat, harassés de fatigue, causée moins par la traversée que par l'haleine glacée et pénétrante de ce vent si redouté dans le Midi et que l'on appelle le *mistral*. Pendant deux heures, en effet, il n'avait cessé de souffler avec une violence effrayante, nous prenant tantôt en face, tantôt en flanc, et menaçant à chaque instant de faire chavirer notre équipage. Aussi mon premier soin fut-il, en arrivant à l'hôtel du Palais-Royal, de me faire préparer un feu splendide, un dîner confortable et un bon lit, mais dans lequel la nuit fut pour moi sans sommeil et horriblement agitée par de funèbres visions : c'est qu'en entrant dans l'hôtel, un triste et sanglant souvenir de la réaction de 1815 était venu frapper mon imagination. C'était là , près de la chambre même que j'occupais, que de misérables forcenés, de dignes émules des Trestaillon et des Truphemi, avaient lâchement assassiné l'illustre maréchal Brune.

CHAPITRE III.

Avignon.

Avignon fut pendant un siècle la Rome chrétienne; aussi la trouverons-nous avec son ancien château des papes, ses églises, ses madones et sa position ravissante sur les rives d'un grand fleuve qui sépare le Languedoc de la Provence. Les souvenirs qui se rattachent à cette importante cité appartiennent à l'histoire ecclésiastique et à l'histoire profane. On rapporte que, 70 ans après Jésus-Christ, saint Ruff, fils de Simon le Cyrénéen, le même que les Juifs contraignirent à porter la croix du Sauveur du monde durant sa marche vers le Calvaire, se rendit à Avignon, dont il fut l'apôtre et le premier évêque (1). Cette cité,

(1) Voyez Nouguier, histoire ecclésiastique d'Avignon.

qui demeura une colonie romaine depuis la conquête des Gaules par Jules César jusqu'à la chute de l'empire d'Occident, fut conquise à cette époque par les Bourguignons, et passa successivement au pouvoir des Visigoths, des Ostrogoths, des Sarrazins et de nos rois des deux premières races. Les comtes de Toulouse, de Provence et de Forcalquier s'en disputèrent long-temps la possession.

Avignon, après plusieurs vicissitudes, durant lesquelles on la vit se gouverner pendant quelque temps sous la forme d'une république, embrassa le parti des Albigeois. Le roi Louis VIII, dans le cours de la croisade qu'il entreprit contre ces rebelles, s'empara de cette place en 1226, et la traita avec la plus sévère rigueur. Ses murailles furent rasées, ses fossés comblés et ses édifices mutilés ou détruits.

Depuis plus d'un siècle, Avignon languissait ainsi démantelée, lorsqu'en 1348, Jeanne, reine des Deux-Siciles et comtesse de Provence, citée par le pape Clément VI pour se justifier de l'assassinat d'André de Hongrie, son premier époux, ne crut pouvoir mieux gagner la faveur de son juge qu'en vendant Avignon pour 80,000 florins d'or, du consentement de son second mari, Louis, prince de Tarente. Mais cette vente a toujours été regardée comme nulle. Jeanne était mineure, et toute aliénation de domaines lui avait été interdite, jusqu'à sa majorité, par le roi Robert, son aïeul. La somme stipulée ne fut jamais touchée. Aussi, les Avignonais refusèrent-ils de reconnaître leur nouveau souverain. Ce ne fut qu'au bout de neuf ans qu'ils se déterminèrent enfin à lui prêter serment. La reine elle-même, lorsqu'elle fut majeure, protesta contre cette vente, par cinq édits de 1350, 1365 et 1368; mais la fin malheureuse de cette princesse en 1382, le court règne de Louis Ier d'Anjou, qu'elle avait adopté, peut-être les obligations que ce prince avait au pape Clément VII, empêchèrent les suites de ces réclamations, et les papes restèrent maîtres d'Avignon, dont au surplus ils avaient pris possession dès le commencement du quatorzième siècle (1).

Quand le saint-siége fut de nouveau transféré à Rome, les papes gouvernèrent Avignon par des légats, et il en fut ainsi jusqu'en 1791, époque à laquelle Avignon, malgré l'énergique résistance de la faction ultramontaine qui persistait à vouloir rester sous le régime sacerdotal, fut réunie à la France par un décret de l'Assemblée constituante.

Le temps du séjour des papes à Avignon fut celui de sa puissance, de sa splendeur et de sa gloire. Des agrandissements, des embellissements de toutes sortes signalèrent dans cette ville le passage de ces chefs de l'Eglise. La moitié de la ville était couverte d'établissements religieux où la faiblesse trouvait un asile tutélaire, et le malade ou l'infirme, de généreux secours. On comptait dans l'enceinte d'Avignon trente-cinq monastères, dix hôpitaux, trois séminaires, soixante églises. Le bruit des cloches était continuel (2), et le tiers de la population exclusivement occupé de soins religieux.

Avignon, après plus de quatre siècles, conserve encore de nombreuses traces du séjour des papes dans ses murs. Un grand nombre de vastes hôtels, autrefois la demeure de riches cardinaux, se montrent aux

---

(1) Voir François Nouguier, histoire ecclésiastique d'Avignon.

(2) C'est sans doute à cause de cela que Rabelais l'appelle la ville sonnante.

regards, avec de larges murs et leur construction gothique. Dans chacun des angles des rues ou des places publiques, on aperçoit, placées dans des niches élevées de quelques pieds au-dessus du sol, de petites madones, le plus souvent ornées de fleurs. Il n'est pas enfin jusqu'aux enseignes de boutiques qui ne rappellent le souvenir de l'ancien état d'Avignon, en laissant découvrir, dans le nom des marchands, celui d'une de ces nombreuses familles italiennes qui, abandonnant leur douce contrée, vinrent sur les traces des souverains pontifes se fixer dans cette ville, où, sans songer aux lieux qui virent naître leurs aïeux, leur postérité demeure encore, comme si elle avait retrouvé sur ces bords le beau climat de leur patrie.

A peine le jour eut-il paru, que, soit impatience, soit besoin de dissiper jusqu'aux dernières traces des sombres rêves de la nuit, je m'habillai rapidement, et commençai ma course par la capitale du Comtat.

Un des premiers objets qui frappèrent mes regards fut l'hôtel des Invalides, digne succursale de celui de Paris. Une immense cour, plantée d'arbres et parse-mée de gazon, offre une promenade agréable à mille vieux soldats, tous mutilés dans les combats, qui jouissent dans ce noble asile, dont l'ordre et la pro-preté sont admirables, d'un repos dignement acheté par de vaillants exploits. Là tout leur rappelle le souvenir de leurs anciennes victoires. Sur les murs de la cour on voit inscrits les principaux faits d'ar-mes de nos soldats de 1792 à 1802, entremêlés de de-vises ingénieuses et de fresques allégoriques. Les noms d'Avenue de Fleurus, d'Iéna, des Pyramides, servent à désigner les différentes allées de ce vaste jardin. A l'extrémité de l'une d'elles, on aperçoit une

fresque représentant un temple de mémoire, où, au-
dessus d'un faisceau de drapeaux, de casques et de
boulets, on lit cette inscription : *Leso sed invicto militi*.

Au moyen âge, Avignon joua encore, dans un
autre ordre d'idées, un rôle important : elle fut le
siége d'une de ces cours d'amour qui acquirent à cette
époque tant de célébrité, et occupent une place si intéressante dans l'histoire des troubadours. Mes lecteurs me sauront peut-être gré de leur donner ici
quelques détails sur la nature et les attributions de
ces espèces de tribunaux, dont l'existence est aujour-
d'hui hors de toute espèce de doute.

Chacun sait qu'il fut une époque, dans la Provence, où les troubadours étaient entourés de la plus
grande considération. Les grands et les princes les
recherchaient et les comblaient d'honneurs et de richesses; les dames et les demoiselles recevaient leurs
hommages avec empressement : chaque dame avait son
troubadour, et chaque troubadour avait sa dame (1),
à laquelle il consacrait et ses vers et son cœur. Les
uns, en amants passionnés, peignaient leur amour avec
des traits de flammes; d'autres, plus timides, n'osaient
pas même parler du feu qui les dévorait, et se con-
tentaient de soupirer et de se plaindre de la rigueur
du sort. Mais tous parlaient avec autant d'enthousiasme de la vertu de leur dame, que de leur esprit
et de leurs attraits. La plupart des liaisons paraissaient fondées sur l'estime, et ne faisaient naître aucun soupçon dans l'esprit des pères et des époux.
Tous n'étaient cependant pas aussi confiants; témoin
Raymond de Castel-Roussillon. Ce seigneur ayant
découvert que *Guillaume de Cabesting* était amoureux

(1) M. Reynouard.

de sa femme, l'égorgea de sa propre main, lui arra-
cha le cœur, le fit préparer par son cuisinier, le fit
manger à son épouse, et lui apprit ensuite quel était
l'horrible mets dont elle venait de se nourrir, en lui
montrant la tête de son amant. Quoi qu'il en soit,
il paraît que des différends s'élevaient souvent entre
les troubadours, les chevaliers et les dames. Ces différends avaient pour motifs les rigueurs ou les caprices de ces dernières, les infidélités des amants, les
injures faites au sexe. De là une infinité de causes
d'amour et de galanterie, pour lesquelles on sentit le
besoin de créer une juridiction spéciale ; de là l'ins-
titution des cours d'amour. Ces tribunaux étaient
composés de dames et de chevaliers. Ils exerçaient
sur la société un pouvoir absolu, sans autre force que
l'opinion, sans autre pouvoir que celui de la beauté.

Leurs jugements étaient exécutés avec plus de ponc-
tualité que ceux des tribunaux véritables, et le mé-
pris aurait été le châtiment de ceux qui auraient osé
les enfreindre. Les cours ou parlements d'amour ju-
geaient aussi quelquefois les questions qui leur étaient
proposées sous forme de dialogue, où deux troubadours soutenaient l'un le pour, l'autre le contre, et
ces sortes de combats poétiques étaient appelés *T'en-
sons* ou *mi-partis*. Ces questions étaient le plus souvent
relatives à la galanterie, et présentaient les plus sérieuses difficultés, ainsi qu'on peut en juger par
celles-ci : *Quel est l'amant le plus heureux, de celui à qui
sa belle jette un regard d'amour, de celui à qui elle serre
tendrement la main, ou enfin de celui à qui elle presse le
pied?* Les règles d'après lesquelles les cours d'amour
rendaient leurs jugements, étaient contenues dans
le code d'amour. La cour d'Avignon était la plus célèbre entre toutes: c'était devant elle que l'on portait

les questions les plus ardues. Ses arrêts inspiraient toujours le plus religieux respect. Elle fut créée en 1152, et ne cessa d'exister que lorsque les troubadours, ces hommes de génie, que plusieurs nations considéraient avec raison comme les pères de leur langue, de leur littérature et de leur poésie, se furent entièrement éclipsés.

Il semble que cette cité, au sein de laquelle on vit, durant un siècle, siéger les souverains pontifes, devrait renfermer plusieurs temples magnifiques, aussi riches, aussi spacieux que ceux qui décorent de nos jours la capitale du monde chrétien. Cependant il n'en est rien. Si l'on excepte, en effet, l'ancienne métropole dite *Notre-Dame-des-Doms*, aujourd'hui presque délaissée, aucune des églises d'Avignon ne répond à la majesté, à la splendeur que l'on aurait droit d'attendre des monuments religieux de cette ville.

La cathédrale actuelle, dédiée à saint Agricole, est petite et d'une assez mesquine apparence à l'extérieur. L'enceinte intérieure est toutefois décorée avec goût. Elle renferme la tombe du peintre Mignard, la jolie chapelle de la famille Bianco de Florence, et un bénitier remarquable par sa forme gothique et le grand nombre de sculptures et de dorures dont il est revêtu.

L'église Saint-Pierre, d'une origine fort ancienne, fut reconstruite en 1358. Sa façade, flanquée de deux tours, est aussi chargée de sculptures gothiques. L'intérieur de l'édifice est décoré de fresques, de bas-reliefs et de plusieurs statues dignes d'attirer les regards.

Il est aussi à Avignon un autre monument qui est non moins digne d'attirer l'attention, et où le Dieu des chrétiens habite, caché sous les haillons du pauvre : c'est l'Hôtel-Dieu.

Il est situé au milieu de jardins, sa façade est élégante et majestueuse, les salles intérieures sont vastes
et commodes. Cet édifice fut fondé en 1335, au temps
du séjour des papes, par Bernard de Rascas, citoyen
d'Avignon, qui fut, dans cette œuvre pieuse, puissamment secondé par les pontifes, qui voulurent que
la maison du pauvre fût, comme celle du riche,
pourvue d'agréments capables de leur faire oublier
leurs peines et d'endormir leurs douleurs.

Vers le déclin du jour, je gravis l'énorme rocher au
sommet duquel se trouve située l'ancienne métropole
dite Notre-Dame-des-Dons. Cette église fut construite
dans les premiers siècles du christianisme, sur les
débris d'un temple païen. Renversée plusieurs fois par
les barbares, elle fut rétablie par les *dons* de Charlemagne, et c'est, dit-on, à cette circonstance qu'elle
doit son nom. On monte à cette édifice par un large
et bel escalier dont le sommet est décoré d'un calvaire. C'est dans cette église qu'officiaient les souverains pontifes. Innocent VI, Urbain V et Grégoire XI,
y furent sacrés tour à tour. Son enceinte intérieure
est noble, élégante, gracieuse, et renferme plusieurs
tombeaux et mausolées remarquables de papes ou de
cardinaux, au milieu desquels se trouve mêlé celui du
brave *Crillon* et de sa famille.

Le tombeau du pape Jean XXII, situé dans une
des chapelles latérales, est un grand et superbe morceau d'architecture gothique.

Sur la pente méridionale du rocher des *Dons*, s'élève le *palais des Papes*, masse énorme qui domine le
rocher et la ville entière. Sa grande hauteur et sa
majesté imposante attirent d'abord les regards et rem-

plissent d'étonnement; mais cet édifice manque d'élégance, de grâce et de régularité, et l'on est surpris à juste titre de retrouver, dans une vaste forteresse gothique, flanquée de hautes tours et d'un aspect sombre et menaçant, le palais de ces maîtres du monde dont l'empire fut si étendu et le pouvoir si puissant.

Avant de descendre du haut de ce rocher, je voulus jouir de l'immense et beau spectacle qui se déroulait à mes pieds.

M'étant donc placé sur la partie du plateau la plus élevée, je contemplais à loisir ce magnifique panorama que la nature et la main de l'homme ont exposé en ces lieux.

D'un côté, c'était Villeneuve-les-Avignons avec ses ruines d'anciennes abbayes baignées par les eaux du Rhône, dont mes regards suivaient au loin le cours impétueux; c'était l'île charmante de la Barthalasse, immense corbeille de fleurs qui semble mollement se balancer sur la surface de l'onde et dont les vagues amoureuses caressent en tout temps ses gracieux contours. De l'autre, et dans un lointain horizon, c'était cette vaste et fertile plaine qu'arrose la Durance avant de porter au Rhône le tribut de ses eaux. Enfin, et à mes pieds, la belle ville d'Avignon avec ses innombrables clochers, ses madones et ses monuments, se déployant pleine de grandeur et de majesté.

Mais ce beau spectacle ne tarda pas à être entièrement dérobé à mon admiration. Le soleil, depuis long-temps, avait cessé de l'éclairer de ses rayons. Je descendis alors en silence et pensif les marches de l'escalier qui m'avait conduit au sommet du *Rocher-des-Dons*. Soudain je fus tiré de ma rêverie par les bruyants roulements de nombreux tambours qui précédaient un détachement de jeunes conscrits rentrant

dans leur caserne après l'exercice du soir ; s'avançant
à grands pas, ils gravissaient d'une marche égale et
ferme la pente méridionale du rocher, et mon œil,
qui suivait attentivement leurs files alignées, les vit
bientôt s'enfoncer et disparaître dans les voûtes épais-
ses de l'*antique palais des Papes*. Oui, ce vaste palais des chefs de l'Eglise, sert aujourd'hui de caserne,
de dépôt militaire et de prison. Dans ces immenses
salles, ces longs corridors, que de puissants évêques,
de graves cardinaux, des gens de lettres, des savants
et des personnes de toutes conditions traversaient
chaque jour pour venir rendre leurs hommages au
souverain pontife ou solliciter son appui, se pressent
aujourd'hui des hommes d'armes, des prisonniers et
des jeunes soldats sortis naguère de leur village, fou-
lant d'un pied indifférent le sol de cette enceinte à
laquelle se rattachent tant et de si intéressants souvenirs.

C'est ainsi que je terminai ma visite à la reine du
Comtat, « ville, suivant Nouguier, son historien, no-
» ble pour son antiquité, agréable pour son assiette,
» superbe pour ses murailles, riante pour la fertilité
» de son solage, charmante pour la douceur de ses
» habitants, merveilleuse pour la structure de son
» pont, riche pour son commerce et connue par
» toute la terre. »

CHAPITRE IV.

Orange.

Je partis le lendemain pour Orange, où je devais trouver debout encore, deux des premiers grands débris de la civilisation romaine dans les Gaules.

D'Avignon à Orange, la route est délicieuse : de belles maisons de campagnes, des sites gracieux, de jolis villages, et puis à votre gauche, toujours ce terrible mont Ventoux, dont le sommet, couvert de neige, ne cesse de frapper vos regards ; tout cela charme à l'envi le voyageur, et abrège pour lui la longueur de la route qui sépare les deux villes.

Nous cheminions depuis quatre heures sous le soleil ardent du midi, tempéré toutefois par la brise matinale, lorsque la ville d'Orange apparut à mes yeux.

Cette ville, située dans une plaine magnifique, arrosée par l'Aigues et par plusieurs autres ruisseaux ou canaux abondants, est bâtie au pied d'une colline sur le sommet de laquelle s'élevait autrefois une forteresse immense ; ses rues sont étroites et tortueuses. Cette cité, chère aux Romains, fut ornée par eux de plusieurs beaux édifices, dont quelques-uns sans doute ont péri sous les coups des barbares qui la saccagèrent à différentes reprises. Toutefois, deux monuments lui restent encore et tous les deux remarquables au plus haut degré, l'un par sa précieuse conservation, l'autre par sa vaste étendue.

C'est vers le premier de ces monuments, dit *Arc de triomphe de Marius*, que se dirigèrent d'abord mes pas ; il est construit sur la route de Valence, à cent mètres des dernières maisons de la ville. Son aspect étonne et remplit l'âme d'une vive émotion. Le mystère qui semble envelopper son origine et sa destination, ajoute encore à la majesté qu'il inspire. On n'a en effet aucune certitude sur l'époque de la fondation de ce bel édifice.

Quelques antiquaires le font remonter à Domitius, à Henorbarbus, qui, au dire de Sueton, après le mémorable succès qu'il remporta entre la montagne de l'Ermitage et les bords de l'Isère, serait entré à Orange monté sur un éléphant, suivi de son armée et traînant après lui tous les trophées de sa victoire (1).

D'autres l'attribuent à César, en l'honneur duquel il aurait été érigé après qu'il se fut emparé de Marseille (2).

(1) Voir Mandajors, dans son histoire critique; Spon, dans son voyage en Dalmatie, et la puissance de Sérignan.

(2) Voir Helbert, abbé de Saint-Ruff.

Mais l'opinion la plus généralement accréditée, est qu'il fut élevé à Marius, en l'honneur de sa mémorable victoire sur les Cimbres et les Teutons. Cet arc, d'ordre corynthien, se compose d'une porte principale et de deux autres de moins grande dimension. C'est là sans contredit une des plus belles merveilles du génie romain dans les Gaules.

Quoi qu'il en soit de l'antiquité présumée de ce monument, toujours est-il que la profusion d'ornements que l'on y remarque doit en faire fixer la construction à cette époque où l'architecture romaine s'écarta de cette noble simplicité que l'on retrouve dans quelques-uns de ses plus anciens édifices. Des emblèmes militaires, des trophées d'armes, des prisonniers, des gladiateurs, des simulacres de combats, telles sont les sculptures qui ornent la façade de cet arc de triomphe. La plupart sont d'un bon goût et d'un travail remarquable. Les unes sont demeurées presque intactes, les autres ont éprouvé plus ou moins de dégradations. Les voûtes sont décorées d'emblêmes gracieux, tels que des fleurons, des feuillages et des fruits ; ses quatre faces sont symétriques, régulières et ornées de colonnes et d'un fronton (1).

J'aimais à contempler ce hardi monument si digne du héros à la gloire duquel il fut élevé, mais en même temps j'étais affligé de voir autour de ces nobles traces du génie et de la grandeur de Rome, de vils échafaudages qui dérobaient une partie de leurs beautés, et de barbares ouvriers occupés à mutiler ces vieux ornements, pour y faire succéder des co-

(1) On peut voir dans Papon, histoire générale de Provence, page 618, la description détaillée des principaux bas-reliefs sculptés sur ce monument, suivant l'opinion de cet auteur.

lonnes de construction moderne. — Oh! pourquoi ce vandalisme? Pourquoi cet inutile labeur? Respectez donc de grâce ces ruines si majestueuses et si imposantes. Vous ne savez donc pas quel fut le guerrier dont elles rappellent le souvenir. — Enfant du peuple, né de cultivateurs obscurs, il sut s'élever par sa valeur aux premiers rangs de la république.

Tour à tour tribun, préteur, consul général d'armée, ici même, non loin de ces lieux, et près des bords du Rhône, il vainquit les Cimbres et les Teutons qui menaçaient d'envahir les Gaules et l'Italie, rentra dans Rome avec les honneurs du triomphe, et le peuple, dans son ivresse, le proclama le troisième fondateur de la cité de Mars. — Mais la fortune se lassa de le combler de ses faveurs, pour couronner à son tour Sylla, son trop heureux rival. Marius, abandonné des siens, vint chercher un asile dans les marais de Minturnes; mais là même, du sein de son exil, il faisait trembler encore le sénat romain qui donna l'ordre de sa mort. Un soldat se présente, le glaive à la main, devant le vainqueur des Cimbres. Soldat, s'écrie l'illustre proscrit, en lançant sur lui un regard terrible, oserais-tu bien égorger Marius? et le glaive tombe aussitôt des mains de l'assassin effrayé, qui recule et n'a plus la force d'acccomplir la criminelle mission dont il s'était chargé. Marius, fuyant cette plage inhospistalière, se retira ensuite aux plaines de Carthage. Il comparait sa gloire à celle de cette ville naguère si florissante, alors devenue un monceau de ruines, et, comme le dit le poète: « Là » ces deux grands débris se consolaient entre eux. »

Cependant Sextilius, préteur de Libye, lui fait signifier l'ordre de quitter cette province.

Dis à ton maître, répond l'exilé au messager du

préteur, que tu as vu Marius, «banni et fugitif, assis
» sur les ruines de Carthage.....» Plus tard on vit
revenir dans Rome, entouré de tout l'appareil d'une
formidable puissance, ce même grand homme plus
digne du nom de grand, si son retour n'avait été le
signal de sanglantes proscriptions, et s'il n'avait oublié que la clémence relève toujours l'éclat des plus
belles victoires.

Le second monument qui appela ensuite mon attention, est le *Théâtre romain*, adossé à la colline au
pied de laquelle la ville d'Orange est située. Mais
ici le temps, dans son œuvre de destruction, n'a guère
laissé que des ruines. Cet édifice, situé à l'extrémité
de la ville du côté de la route d'Avignon, est divisé
en deux parties, dont l'une est rectiligne, l'autre
demi-circulaire. Sa façade se déploie sur une longue
place, et forme un vaste mur de quarante mètres. Les pierres énormes qui le composent se sou-
tiennent mutuellement, et n'ont point d'autre appui.
Les arcades percées dans cette immense muraille, sont
aujourd'hui murées, et celles du rez-de-chaussée sont
occupées par de petites boutiques où maint ouvrier
fait sa demeure habituelle, à l'abri de ces masses co-
lossales sous lesquelles il passe et repasse chaque jour
avec une complète indifférence.

Le haut de la façade est décoré d'une belle corni-
che. La partie demi-circulaire de l'édifice où s'élevaient divers rangs de gradins, ne se compose guère
que de débris à l'aide desquels on a construit de ché-
tives masures dans son enceinte.

Mais, quelque dégradé qu'il soit, ce monument n'en
a pas moins un aspect imposant et solennel, et la
grandeur romaine s'y révèle encore comme dans tou-

tes les œuvres sublimes semées par elle sur la terre des
Gaules.

Quand on a visité à Orange les deux monuments
que je viens d'essayer de décrire, il ne reste plus au
voyageur qu'à reprendre la route d'Avignon, ce que
je m'empressai de faire, et ce ne fut pas sans un nouveau charme, qu'après une journée brûlante, doucement caressé par la fraîcheur du soir, je retrouvai
les sites délicieux qui, le matin, m'avaient rempli
d'admiration.

CHAPITRE V.

La fontaine de Vaucluse.

Le jour suivant, le soleil venait de se lever radieux sur un ciel pur et sans nuages, et tout nous promettait la plus belle journée, lorsque, déjà montés sur un char léger, de compagnie avec deux autres voyageurs, comme moi jaloux de faire un pèlerinage à l'illustre fontaine, je me dirigeai vers la vallée que les noms de Pétrarque et de Laure ont immortalisée... Je n'essaierai point de dépeindre ici les sites charmants que nous rencontrâmes sur la route, ni l'aspect gracieux et animé des villages de Sorgues, la Morlière, Château-Neuf-de-Gadagne, qui vinrent tour à tour s'offrir à notre vue. Nous cheminions gaiement depuis deux heures à travers ce délicieux éden, orné de riches

maisons de campagne, d'allées ombragées et parse-
mées de vastes champs de garance , quand , soudain ,
à l'extrémité d'une longue avenue de hauts arbres ,
la petite ville de Lisle s'offrit à nos regards. Il serait
difficile de trouver un site plus frais et plus agréable.
Les eaux vives et transparentes de la Sorgues, dont
la source est à Vaucluse, entourent entièrement cette
jolie bourgade, et ses bords riants, plantés de beaux
arbres, lui donnent un air de vie et de propreté
qu'on essaierait en vain de décrire.

Nous n'oubliâmes point de visiter , en passant, l'é-
glise de Lisle, qui est remarquable par la profusion
et la richesse des ornements qui la décorent, à l'instar
des églises de l'Italie. Mais , au sortir de ces lieux si
pleins de charmes, de hautes montagnes arides et
nues, un chemin sec et rocailleux s'offrirent alors à
notre vue ; et, pleins d'étonnement, nous interrogions
notre guide, pour savoir s'il ne s'était pas trompé et
si c'était bien là le chemin qui conduit à cette fontaine
dont on raconte tant de merveilles, lorsque, tout à
coup, ô surprise! nous tournons la pointe d'une montagne , nous franchissons un défilé, et nous voilà,
comme par enchantement, transportés, au sein de cette
vallée clause (*vallis clausa*) qui a donné son nom à
toute la contrée.

Je voudrais pouvoir ici retracer dignement l'impression que j'éprouvai à l'aspect de ces lieux tant
chantés par les poètes. Dès mon enfance, les beautés
de la nature ont toujours eu beaucoup d'empire sur
mon cœur, et combien cet empire n'est-il pas plus
puissant encore quand des souvenirs de gloire ou de
poésie viennent, comme un nouveau soleil, les co-
lorer d'un reflet magique et mystérieux! Vous devi-
nerez donc facilement, lecteurs, de quels sentiments

je fus pénétré à l'aspect de ces lieux charmants et ins-
pirateurs. Aussi me bornerai-je à vous donner une
courte esquisse de ce tableau, placé là devant nous,
et que nos regards ne pouvaient se lasser d'admirer.
Figurez-vous un bassin demi-circulaire, formé
par d'énormes falaises de roches calcaires déchi-
rées, calcinées et se courbant au-dessus de la vallée ;
et puis dans ce bassin, un petit village dont les maisons, semées çà et là, s'élèvent en amphithéâtre, ados-
sées contre le roc ; enfin, la rivière de Sorgues aux
eaux vives et limpides, qui, jaillissant en abondance
d'une source mystérieuse, tombe avec fracas, serpente
rapidement à travers des rives rocailleuses, et fait mou-
voir, à quelques pas de la grotte, des moulins, des
papeteries, dont le bruit égal et monotone se mêle heureusement au murmure de l'onde. La vallée se ter-
mine tout à coup par une vaste roche rougeâtre,
nue, escarpée, qui ferme entièrement le défilé ; et au-
dessous de ce roc, s'ouvre un gouffre horrible dont
l'œil s'effraie de mesurer la profondeur. Là est la
principale source de la Sorgues. On y arrive, en suivant un petit sentier pratiqué sur la rive droite ; lorsque de longues pluies ou la fonte des neiges sur les
monts voisins ont amené de nouvelles eaux dans cet
immense réservoir, alors on voit s'en élancer, comme
d'un affreux cratère, des masses bouillonnantes, qui
retombent en nappes d'écume et en bondissant sur les
roches environnantes. Mais quand le temps des érup-
tions a cessé, les cascades murmurent faiblement, on
découvre les rocs qui bordent la grotte, et il est permis
alors d'y pénétrer. Nous pûmes nous-mêmes entrer
dans cette cavité effrayante ; mais nous sortîmes bientôt de ces lieux sombres, pour contempler, avec un
nouveau plaisir, sous un brillant soleil, les paysages
d'alentour.

Au milieu des rocs les plus voisins de cette source mystérieuse, on voyait s'élever naguère une colonne érigée à la mémoire de Pétrarque. Mais ce monument, dont la construction moderne et la forme mesquine étaient si peu en harmonie avec les beautés imposantes dont la nature a décoré ses bords, a depuis quelques temps été transporté à l'entrée du village. Là, son effet est moins disparate; mais cette colonne, par son exiguité et son défaut d'élégance, nous a paru peu digne de l'illustre poète dont elle rappelle le souvenir.

Le village de Vaucluse, assemblage de quelques maisons appuyées sur la montagne, n'offre rien de remarquable, si ce n'est sa position admirable. Il fut long-temps célèbre par son église, dédié à saint Veran, qui est en grande vénération dans ces contrées. Sur le sommet de l'une des roches les plus élevées, on aperçoit les ruines d'un vieux château gothique. Ceux qui ignorent quels furent les goûts simples et les habitudes de Pétrarque, se persuadent facilement que c'était le manoir du poète, et cette croyance est même devenue si populaire, que ces ruines ont reçu le nom de *château de Pétrarque*.

Toutefois, si l'on veut réfléchir un instant, on sera peu tenté d'ajouter foi à une pareille tradition. Comment croire, en effet, qu'une énorme forteresse, d'une construction militaire et fort ancienne, soit cette petite et modeste retraite dont le poète nous a lui-même tracé, dans un style si gracieux, cette charmante description : « Ma maison ressemble à celle de Caton ou » de Fabrice. Tout mon domestique consiste en un » chien et un valet; ce valet a sa maison qui touche » la mienne: c'est un animal aquatique, élevé entre » les fontaines et les rivières, cherchant sa vie dans

» les rochers, mais un très-bon homme, gai, docile,
» obéissant. Quand j'ai besoin de lui, je l'appelle ;
» quand je n'en ai plus besoin, il retourne dans sa
» maison. Je me suis fait des jardins qui me convien-
» nent à merveille ; je ne crois pas qu'il y ait rien de
» semblable dans la nature. Il faut que je vous con-
» fie ma faiblesse : je suis indigné qu'il se trouve
» quelque chose de si beau hors de l'Italie (1). »

Le prétendu château de Pétrarque n'a donc jamais
servi de demeure à l'illustre poète ; mais il était celle
du cardinal Philippe de Cabassolles, seigneur de Vaucluse, en sa qualité d'évêque de Cavaillon. Ce savant prélat aimait à venir habiter ces lieux durant
la belle saison, et, plein d'estime pour le mérite de
Pétrarque, il en avait fait son ami, et se plaisait à
jouir des charmes de sa société.

Quant à l'habitation du poète, elle était située sur
la pente du rocher ; et cette île verdoyante, que forme
en face la rivière de Sorgues, était le jardin où il venait promener ses tendres pensées, et se livrer, au
bruit des cascades, à sa rêveuse mélancolie.

Mais au souvenir de Pétrarque, que réveille naturellement l'aspect de ces lieux, vient se joindre celui de cette belle Laure qu'il a tant chantée, de *Laure
de Noves*, dame de haut renom et de pur lignage,
dont la vertu demeura toujours intacte, et dont la
vie si pure et la mort si chrétienne, font repousser
toute accusation outrageante pour sa mémoire (2). Il
me resterait à vous parler d'elle, indulgents lecteurs ;

(1) Lettres de Pétrarque.

(2) Voir mémoire sur la vie de Pétrarque, par de Sade ;
Histoire de l'Italie, par Ginguené ;
Description de la fontaine de Vaucluse, par Guérin.

mais comment oser aborder un pareil sujet sans sentir défaillir mes forces. Je vous demanderai la permission de laisser parler ici à ma place un jeune poète,
dont la plume élégante et légère sait embellir d'une
fraîcheur nouvelle les sujets par eux-mêmes les plus
frais et les plus gracieux (1).

« Je ne sais s'il existe encore à Avignon une petite
» chapelle placée sous l'invocation de sainte Claire;
» mais ce que je sais bien, c'est qu'il en existait une
» en l'an de grâce 1327. Alors Avignon n'était point
» délaissée, comme une triste veuve, sur les bords du
» Rhône; elle était grande parmi les cités de la
» Gaule : on la disait la mère des peuples, et les filles
» de la Provence n'avaient rien vu de beau comme
» Avignon. Jean XXII occupait depuis treize ans
» la chaire pontificale. Sa cour était le rendez-vous
» des princes, des chevaliers et des savants, car Jean
» n'avait pas seulement ajouté une nouvelle cou-
» ronne à la tiare, il avait encore composé de nom-
» breux ouvrages sur les sciences et la médecine.
» Dans ces rues, aujourd'hui désertes et silencieuses,
» il y avait du matin au soir grande foule de gens
» et de carosses; c'étaient des pèlerins qui arrivaient
» de toute l'Europe, portant le bourdon, la gourde
» et la pèlerine, et chantant religieusement des can-
» tiques. C'était la procession de Saint-Etienne qui
» croisait la procession de Saint-Jean-le-Vieux. C'é-
» taient des pénitents qui marchaient à genoux, en
» récitant leurs confessions, et demandant miséri-
» corde...

» Au palais, telle était la rumeur, qu'on ne pouvait

(1) Eugène de la Gournerie. Voir les nᵒˢ du correspondant, des 7
et 28 janvier 1831.

» s'entendre ; les uns demandaient la *daterie*, d'au-
» tres la *propagande*, d'autres les *exspectatives*. Il était
» grandement question alors d'une *comédie* (1) qui
» avait paru il y avait dix ans à Bologne, mais qui
» était si longue et si belle, que les copistes n'avan-
» çaient point à la copier. On disait que c'était l'ou-
» vrage d'un gentilhomme nommé *Durante* Alighieri,
» que les plus familiers appelaient simplement *Dante*,
» et ce savant homme avait, pour la plus grande gloire
» de Dieu, célébré *l'enfer*, le *purgatoire*, le *paradis*,
» de telle sorte qu'on ne pouvait mieux faire. Quel-
» ques-uns disaient pourtant que ce n'était point un
» ouvrage bon à lire, vu qu'il contenait force balour-
» dises et méchancetés contre l'Eglise. Or, ceux qui
» discouraient ainsi étaient Jacques et Jean Colonne,
» Philippe de Cabassole, Alamien des Escas, et un
» petit gentil jeune homme nommé François Pétrar-
» que d'Arrezo. Celui-ci sortait tout dernièrement des
» écoles de Bologne, et il venait de faire, à la louange
» de sa mère un beau poème, composé d'autant de
» vers qu'elle avait vécu d'années. Aussi était-il bien
» vu à la cour du pape. Mais lui regrettait toujours
» le ciel pur, le brillant soleil, l'air embaumé de
» l'Italie ; il avait la figure distinguée, les yeux pleins
» de feu, une grâce inexprimable dans toute sa per-
» sonne, si bien que les jeunes filles de Lombès et
» d'Orange lui demandaient souvent de chanter des
» ballades ; mais lui rougissait et n'osait répondre,
» car il était *farouche comme un cerf* (2).
» Or, le lundi saint de l'an de grâce 1327, Fran-
» çois Pétrarque sortit de bonne heure pour aller

(1) La divine comédie.
(1) Lettres de Pétrarque

4

» ouïr la messe à la chapelle de Sainte-Claire. Il
» était là en grande dévotion, lorsque vint une jeune
» dame vêtue d'une robe violette, parsemée d'étoiles;
» sa démarche et son air avaient quelque chose de
» céleste, sa taille était fine et légère, ses sourcils
» noirs comme l'ébène.... Rien de si modeste que son
» maintien, de si doux que sa physionomie ; mais on
» ne pouvait voir ses yeux, tant ils étaient dévote-
» ment fixés sur un beau missel, à fermoir d'or.
» Or, cette jeune dame était la fille de messire Au-
» debert de Noves. Les plus nobles chevaliers d'Avi-
» gnon et de Carpentras avaient porté ses couleurs,
» aux joûtes et aux passes d'armes; et lorsque Hugues
» de Sade était venu lui dire : vous plaît-il de me
» prendre pour époux ? elle avait répondu oui, parce
» que c'était un digne homme, plein de foi et d'hon-
» neur. La noce fut magnifiquement célébrée en l'é-
» glise des Cordeliers, et tous les plu   rands sei-
» gneurs y vinrent ;

> » Leurs habits sentant le cyprès
> » Et le musc si abondamment,
> » Qu'on n'aurait pu être bien près,
> » Sans éternuer largement (1).

» Ainsi, le disaient les ménestrels; et l'on donna
» en dot à Laure de Noves, par-devant les tabellions,
» 6,000 livres tournois, plus deux habits complets,
» dont l'un écarlate avec fourrure du même vair,
» plus une couronne d'argent, du prix de vingt flo-
» rins, et définitivement un lit garni de draps et
» couvertures, bien et décemment ordonnés, comme
» il convient à une jeune épouse.
» Deux années s'étaient écoulées depuis ce beau

(1) Martial d'Auvergne.

» jour, lorsque François Pétrarque la vit à la cha-
» pelle Sainte-Claire : elle n'avait point les traits
» froidement réguliers de ces jeunes Camphores,
» dont Scopas nous a laissé les blanches statues en
» marbre pentélique; mais une expression char-
» mante de grâce et de douceur, était empreinte sur
» sa physionomie. Dévotement agenouillée par terre,
» les mains jointes, les yeux quelquefois baissés,
» quelquefois levés au ciel, et remplis de larmes,
» on l'aurait prise pour l'ange de l'amour, ou pour
» une de ces belles madones que Giotto avait repré-
» sentée sur l'autel de Saint-Pierre. Quand le prêtre
» eut béni l'assistance, elle ferma pieusement son
» missel, le donna à un jeune page, et, après s'être
» longuement recueillie, elle sortit sans regarder de
» droite ni de gauche.

» Or, François Pétrarque ne savait plus ni ce qu'il
» faisait ni où il allait; on le voyait souvent, de-
» puis ce jour, assis tristement au lieu où l'onde pai-
» sible de la Sorgues va joindre les vagues tumul-
» tueuses du Rhône. Là, il pleurait et il chantait, ni
» plus ni moins, que Blondel-de-Nesle, au pied de la
» tour qui tenait prisonnier le roi Richard. Et puis,
» à la *Basse-ves-Prés*, il jetait les yeux dans le petit
» jardin de Laure, pour voir si elle ne viendrait
» point arroser la marjolaine. Mais Laure avait un
» cœur de pierre, et toujours elle baissait son voile
» devant Pétrarque. »

Pétrarque allait pleurant de son mieux, cherchant la solitude, et ne pouvant la trouver nulle
part; car, dans l'eau claire de la fontaine, dans
l'herbe verdoyante des prés, dans le tronc noirci du
hêtre, partout autour de lui, il voyait l'image vi-

vante de Laure. Ainsi, il devenait la fable de tout le
peuple ; son nom était mêlé à toutes les ballades. Il
était répété par l'écho des vallées et l'écho des
montagnes ; et lorsque venait Pétrarque, les vieux
branlaient la tête, les jeunes gens souriaient, et les
jeunes filles lui demandaient malicieusement des nouvelles de Laure. Oh ! qui pourrait dire alors sa douleur poignante ? Il s'en allait dans les forêts, et là il
disait dans l'amertume de son âme :

« Seul et pensif, je mesure à pas lents les champs
» les plus déserts, et je porte mes regards au loin
» pour fuir, sitôt que des vestiges humains parais-
» sent sur le sable.

» Où trouverai-je ailleurs un refuge contre la cu-
» riosité trop évidente de la foule ? car mes yeux,
» abattus et languissants, trahissent malgré moi l'a-
» mour qui me dévore. Ainsi, pendant que les monts,
» la plaine, les fleuves et les bois connaissent les
» tourments de ma vie, je me dérobe aux regards
» indiscrets des mortels.

» Mais il n'est pas de lieux si rudes et si sauvages
» que l'amour n'affronte, où il ne me fasse entendre
» sa voix, et où il n'entende la mienne.

» Dans la saison où le soleil baisse rapidement
» vers l'occident, et où le jour qui nous éclaire vole
» éclairer d'autres peuples, qui l'attendent peut-être
» avec impatience, le pauvre vieux pèlerin, égaré
» dans un lointain pays, se hâte de plus en plus et
» redouble de vitesse ; et puis, lorsque tout seul en-
» core il atteint la fin de sa journée, un moment de
» repos le console, et lui fait oublier l'ennui et les
» fatigues du voyage ; mais, pour moi, la douleur

» dont le jour m'accable augmente encore, lorsque
» l'éternelle lumière s'apprête à nous quitter (1). »

Le même auteur que je viens de citer, parle ailleurs de la mort de Laure de Noves, triste victime
de cet horrible fléau connu sous le nom de la *peste
noire*, qui, après avoir pris naissance, suivant quelques-uns, au royaume de Cathay, s'étendit bientôt en
Afrique, en Espagne, en Sicile, et de proche en proche, par toute l'Europe. Ici encore j'emprunterai les
paroles de notre élégant et gracieux écrivain :

« Il était la mi-janvier de l'an 1348, lorsque le mal
» se fit sentir à Avignon. Or, la belle comtesse de
» Sade, que Pétrarque aimait si bien, et qu'il avait
» chanté de mille manières, était pour lors dans
» cette ville avec son mari et ses onze enfants. Quant
» à Pétrarque, il cheminait vers Rome pour aller
» voir Rienzi, qui faisait alors beaucoup de bruit.
» Une nuit donc qu'il était à Vérone, le souvenir de
» Laure vint le tourmenter plus que jamais. La der-
» nière fois qu'il l'avait vue, elle était humblement
» assise au milieu de belles dames, comme s'élève
» une rose parmi d'autres fleurs d'un moindre éclat.
» Ni tristesse, ni joie, n'était empreinte sur son vi-
» sage ; on aurait dit qu'elle avait un vague senti-
» ment de crainte, sans avoir toutefois aucun sujet

(1) Des écrivains ont prétendus que la passion de Pétrarque était
purement fictive. Il faut, comme le remarque Courtet de Lisle,
singulièrement méconnaître le cœur du poète pour admettre une
telle opinion. L'inspiration ne se commande pas, et si la poésie,
comme on le disait jadis, est un don du ciel, c'est que l'imagination ne seconde que le délire et une passion réelle. Pétrarque
moins sincère dans son amour, aurait été moins poète ; comment
croire d'ailleurs qu'il feignît des sentiments auxquels tout prouve
qu'il voulut résister. Il répétait souvent ce vers d'Ovide.

Odero, si potero, si non invitus, amabo.

» de trembler. Il n'y avait plus dans sa conversation
» le charme qui lui était ordinaire ; elle avait laissé
» les perles, les guirlandes, les habits de fête, une
» franche gaîté n'animait plus sa physionomie : elle
» ne chantait plus comme ce beau jour où, balancée
» sur sa nacelle, elle descendait avec ses douze compa-
» gnes le cours tumultueux du Rhône. Pétrarque n'a-
» vait osé lui parler, car il ne savait comment expli-
» quer l'expression incertaine de ses yeux et le calme
» inusité de toute sa personne. Autrefois, lorsqu'il
» était loin d'elle, elle lui apparaissait souvent en
» songe, et l'angélique douceur de son regard lui
» apportait toujours quelque consolation ; mais au-
» jourd'hui la vue de cette ombre tant aimée aug-
» mente son inquiétude et ses douleurs. »

» Les anciens disaient que le cygne chante mélo-
» dieusement à son dernier jour. C'était là, sans
» doute, un apologue, pour nous faire comprendre
» combien la pure et candide innocence brille d'un
» sublime éclat, lorsque le moment approche où Dieu
» va lui donner sa couronne immortelle. C'est alors
» un noble et beau triomphe ; et qui pouvait le mé-
» riter plus que Laure ?.... Aussi, quand elle fut at-
» teinte de cette maladie épouvantable dont nous
» avons parlé, elle manda de suite un saint prêtre,
» et régla son testament en faveur de l'Eglise, des
» pauvres, de son mari et de ses enfants. Autour
» d'elle étaient ses parentes et amies.

» Or, la comtesse de Sade était assise sur son lit,
» avec la candeur empreinte sur le visage, et ses com-
» pagnes disaient :

» Hélas ! que deviendrons-nous ? Nous allons voir
» disparaître la merveille de notre siècle, le modèle
» de toutes les perfections : la vertu, la beauté, la

» politesse sortent de ce monde avec Laure. Où trou-
» vera-t-on une femme si accomplie, des propos
» aussi sages, aussi mesurés, un maintien et des ma-
» nières si honnêtes, une voix si charmante ? Nous
» allons perdre une compagne qui était l'âme de nos
» plaisirs innocents, une amie qui nous consolait
» dans nos chagrins, et dont l'exemple était pour nous
» une leçon vivante.

» Ainsi parlaient ces belles jeunes filles, tandis que
» Laure passait doucement de vie à trépas, sans ef-
» fort aucun, comme une pure lumière à qui la nour-
» riture manque et qui s'affaiblit peu à peu en éclai-
» rant toujours jusqu'à la fin. Son front était d'une
» blancheur éclatante et d'une divine sérénité. On n'y
» voyait point cette morne pâleur qui annonce la
» cessation du principe de vie : ses beaux yeux n'é-
» taient pas éteints, ils paraissaient seulement fer-
» més par le sommeil ; elle avait l'air d'une personne
» fatiguée qui repose. La mort paraissait belle sur
» son visage. Il ne lui fut pas difficile d'aller au ciel,
» car elle connaissait toutes les routes qui peuvent y
» conduire. »

Ah ! quelles durent être la douleur et les larmes
de Pétrarque, à la nouvelle de la mort de celle qu'il
avait tant aimée ; de celle dont l'amour pur, idéal,
fort et courageux, rappelle si bien ce respect de l'a-
mour chrétien dont l'illustre auteur des *Martyrs*
nous a donné une si belle analyse dans sa divine *Atala*!
Elle fit naître dans l'âme de ce grand homme de graves, de sérieuses pensées : c'est ce qu'il nous apprend
lui-même dans une note touchante, écrite en latin,
de sa main, et collée au bois de la reliure d'un Vir-
gile manuscrit, qui est actuellement déposé dans la
bibliothèque de Milan.

Mes lecteurs me sauront gré de rapporter ici cet
hommage solennel rendu à la mémoire et à la vertu
de celle qu'un grand poète avait choisi pour le sujet
de ses chants :

« Laure, illustre par ses propres vertus et célébrée
» long-temps par mes vers, parut à mes yeux, pour
» la première fois, le 6 avril 1327, en la chapelle de
» Sainte-Claire d'Avignon. J'étais alors dans ma pre-
» mière jeunesse, et dans la même ville, le même
» jour, à la même heure, vingt-un ans après, cette
» lumière disparut du monde.

» Ce corps si beau, si chaste, fut enseveli le même
» jour, après vêpres, dans l'Eglise des Cordeliers (1).
» Quant à son âme, je ne doute pas qu'elle soit re-
» tournée au ciel d'où elle était venue. Pour me re-
» tracer le souvenir d'une si grande perte, j'ai cru
» devoir écrire ceci dans un livre qui reparaît sou-
» vent sous mes yeux. J'y ai pris une sorte de plaisir
» mêlé d'amertume. Cette perte, toujours présente à
» mon esprit, me fait penser qu'il n'y a plus rien dans

(1) Laure mourut en 1348, le lieu de sa sépulture fut ignoré
pendant plus de deux cents ans. François Iᵉʳ ordonna qu'un mau-
solée fut élevé à la place du simple monument qui recelait ses cendres. Mais cet ordre étant resté sans effet, il fit graver sur le
marbre ces mots : VICTRIX, CASTA FIDES;
Et composa lui-même l'épitaphe suivant, qu'il renferma dans le
tombeau :

« En petit lieu, compris, vous pouvez voir
» Ce qui comprend beaucoup par renommée ;
» Plume, labeur, la langue et le savoir
» Furent vaincus par l'aimant de l'aimée.
» O gentille âme, estant tant estimée,
» qui te pourra louer, qu'en se taisant?
» Car la parole est toujours réprimée,
» Quand le sujet surpasse le disant. »

» cette vie qui doive m'y plaire, et qu'il est temps que
» je renonce à Babylone, puisque le lien le plus fort
» qui m'y retenait vient d'être rompu. Avec la grâce
» de Dieu, cela me sera plus aisé, lorsque mon esprit,
» devenu plus mal et plus fort, me rappellera mes
» soins superflus, mes espérances trompeuses, et les
» suites imprévues de toutes mes entreprises. »

Comme on le voit, c'est encore ici, comme dans tous
ses chants, la vertu de Laure qu'exalte le poète. Oh !
c'est qu'à l'époque ou vivait Pétrarque, pour aimer,
ou du moins pour aimer avec son âme, il fallait plus
qu'on ne le pense communément, de noblesse, d'élévation et d'enthousiasme. L'amour alors était un
sentiment fort et profond, mêlé de piété et de foi ;
c'était un mélange d'idées religieuses et chevaleresques.
Alors, aimer c'était prier, aimer c'était vivre ; timide, noble et silencieux, l'amour était chaste et
naïf. Les femmes y mêlaient leur grâce et leur dévouement ; les hommes, leur force et leur héroïsme.
Voilà pourquoi Pétrarque nous paraît moins touché de la beauté de Laure que de son âme, qui se
reflète sur ses traits purs et gracieux, et de cette dé-
cence qui la colore d'un éclat si divin, qui brille et
qui resplendit en elle. Voilà pourquoi son amour
pour elle fut si pur et si chaste, voilà pourquoi lors
qu'elle eut cessé d'être, son premier besoin, son besoin
de tous les jours est de rendre un solennel hommage
à cette vertu sévère à laquelle il devra sa gloire et ses
plus fortes émotions. Oh ! quelles furent douces les
quelques heures que nous passâmes sur les bords de
cette Sorgues aux eaux si limpides, et dont le murmure se mêla si souvent aux soupirs de Laure et aux

plaintes du poète (1). Comment dire les vertiges dont
nous fûmes surpris à l'aspect de cette solitude, de ces
ombrages chéris où Laure venait se rafraîchir de la
chaleur d'un jour étouffant? Avec quel ravissement
nous errions au milieu de ces rochers où la fraîche et
bruyante cascade a déposé la mousse des siècles écoulés! Comme ils étaient délicieux et profonds les sentiments que réveillait en nous toute cette poésie de
sites et de souvenirs qui nous environnaient! Aussi est-
ce avec le plus vif regret, mais l'âme pleine d'émotions, que mes compagnons et moi reprîmes la route
d'Avignon.

Pendant le trajet, un autre spectacle vint encore
nous pénétrer d'admiration et jeter notre âme dans
une profonde mélancolie : c'est celui du soleil se couchant lentement derrière l'horizon. On aurait dit un
roi puissant qui, après avoir passé une journée entière à répandre des grâces, se rassied, calme et majestueux, sur son trône éclatant, pour s'y reposer en
paix des fatigues de son noble labeur : scène au dernier degré imposante, et dans laquelle nous aimions
à découvrir l'image du juste qui, lui aussi fatigué du
poids et de la chaleur du jour, descend dans la tombe,
comme sur un trône éblouissant, d'où il s'élance radieux et immortel, au sein de l'éternité.

(1) C'est de là, que Thevenot de la Creuse, écrivait ces vers
purs et suaves comme l'amour de Pétrarque et de Laure.

La, d'un doux souvenir, berçant ma rêverie,
Je revoyais Pétrarque et sa Laure chérie;
Sa Laure, noble femme, au cœur chaste et pieux,
Dont les regards divins étaient levés aux cieux;
Sa Laure!... ange parmi les anges de la terre.
Dont l'amour inspirait le docte solitaire. .

O Pétrarque! le monde a retenu ton nom,
A chaque grande lyre, un mélodieux son
A retenti pour toi; pour toi, sensible et tendre,
Dont l'accord si magique ici s'est fait entendre.
O Pétrarque! à mon tour, j'aimais à répéter
Les sons où ton cœur vient tout entier se refléter.

Oui; ton amour si pur fut une douce chose
Comme un souffle ternit une feuille de rose;
De même, en y pensant, on craint de le ternir,
C'est un amour de ciel qu'on ne peut définir,
Si l'on a pas aimé comme toi quelque Laure;
Non, cet amour n'est pas un brûlant météore,
Un orage, un torrent, un effréné désir,
Ambition des sens qu'on veut toujours saisir;
Oh! pour bien le comprendre, il faut être poète,
Poète au fond de l'âme, avoir dans la retraite
Gardé long-temps une image et son cœur
Que nul n'a pu flétrir d'un sourire moqueur.

Avoir caché le mot d'un énigme dans l'ombre;
Avoir pleuré souvent, et souvent le front sombre;
Avoir rêvé, mourir, pour retrouver aux cieux,
Celle qu'un monde vain éloignait de nos yeux:
Puis aux pieds des autels avoir fait sa prière,
En essuyant un pleur tombé de la paupière,
Mêlant aux noms de Dieu, de Jésus et des saints
Un harmonieux nom, qu'un jour les Séraphins
Chanteront dans sa gloire et sa majesté pure;
Un nom, que dans nos nuits l'ange gardien murmure
.........! n'est ce pas que ce sublime amour,
Aussi frais qu'une fleur au matin d'un beau jour,
Fait vivre dans le ciel? Reste gravé dans l'âme!
Si d'un terrestre amour s'éteint bientôt la flamme,
Celle-là brûle encore jusque dans le cercueil,
Quand nos amis en pleurs couvrent leur front de deuil.

CHAPITRE VI.

Marseille.

Neuf heures du soir venaient de sonner, lorsque, entassé avec neuf autres voyageurs dans la rotonde d'une diligence qui pouvait à peine en contenir huit, nous quittâmes Avignon pour nous diriger sur Marseille, dont l'histoire, à cause de son antique origine, de ses longues relations avec le peuple-roi, ses révolutions et ses grandeurs, inspire un si vif intérêt.

Les écrivains ne sont pas bien d'accord sur la date et les circonstances de la fondation de Marseille, tellement est éloignée l'époque à laquelle elle remonte. Cependant le plus grand nombre incline à penser que cette fondation doit être attribuée à une colonie de Phocéens. Ils ne s'accordent point toutefois, sur le nom du chef de cette expédition : les uns l'appellent

Euxenos, d'autres *Simos*, d'autres *Protis*. Ils placent cet événement à l'année 599 avant Jésus-Christ.

Il paraît que le jour où les Phocéens débarquèrent sur le golfe, était un jour de fête. Naun, roi de la contrée, mariait sa fille, une belle Gauloise, à la taille élancée et flexible, aux cheveux blonds et aux yeux bleus. Quelque positif que soit le siècle actuel, où l'on ne pèse les hommes qu'au poids de l'or, peut-être ne pourra-t-on pas s'empêcher d'admirer l'usage qui régnait alors chez les Gaulois par rapport au mariage.

Lorsqu'une jeune fille avait atteint l'âge d'être mariée, le père la faisait paraître devant une assemblée de jeunes gens qui pouvaient aspirer à sa main, dont elle seule disposait la première. L'état, le courage, l'adresse, la jeunesse, la figure et la vertu étaient les seuls titres qui assuraient le succès, alors surtout que ces titres étaient réunis. Chacun faisait valoir les siens; les yeux seuls étaient les interprètes du cœur. Celui des jeunes gens à qui la jeune fille présentait une coupe pleine d'eau devenait l'objet de son choix, que le père ratifiait toujours, et que les jeunes gens qui n'avaient pas obtenu le même bonheur, voyaient sinon sans jalousie du moins sans murmure.

Le jour de l'arrivée des Phocéens, l'assemblée était nombreuse dans le palais de Naun, et digne de la princesse qui en était l'objet. Protis se présente : c'était un beau jeune homme, aux yeux et aux sourcils bruns. Le chef gaulois l'accueillit avec empressement, car l'étranger était toujours le bien venu, sous le palais comme sous la chaumière gauloise; il l'invite a prendre part à la fête, et vers la fin du repas, la belle Pella, c'est ainsi que se nommait la fille du roi, ayant paru pour faire son choix, elle s'arrêta un

instant, promena ses regards autour du cercle que
formaient les nombreux prétendants qu'agitaient en
ce moment et la crainte et l'espoir, puis elle marcha
droit vers l'étranger, auquel elle présenta la coupe
avec un doux sourire. Naun, qui crut reconnaître
dans cette action l'intervention des Dieux, agréa le
Phocéen pour gendre, et donna pour dot à sa fille le
golfe même où son époux avait pris terre, et dans lequel il jeta les fondements d'une ville qu'il appella
Massalia, que les Latins appellèrent *Marsilia,* et que
les Français appellent aujourd'hui *Marseille.*

Cette alliance, favorable au nouvel établissement,
fut célébrée avec toute la pompe que le luxe et le goût
de ces siècles incivilisés purent imaginer, et qu'exi-
geaient le rang et le nom de la fille du roi. Mais l'alliance qu'elle cimenta entre les deux peuples ne fut
pas de longue durée. Comanus, fils et successeur de
Naun, jaloux des progrès de la colonie et de l'ac-
croissement qu'elle prenait chaque jour, résolut de
la détruire : pour cela il fit avancer les Saliens, con-
fusément en armes, jusques dans son territoire, où ils
s'embusquèrent et firent des sorties qui, loin d'être
utiles au succès de leurs armes, n'aboutirent qu'à
diminuer leurs guerriers sans diminuer les forces et
abattre le courage des Marseillais. Le résultat de tous
ces petits combats, de toutes ces attaques étaient de
pénétrer les Saliens de respect pour les braves étrangers, et de les faire passer du respect à l'imitation.

Ainsi, de nos jours, voyons-nous l'Africain, que nous
avons dompté, aux cris approbateurs de l'Europe
étonnée, se façonner peu à peu aux mœurs fran-
çaises qui l'enchantent, et c'est encore dans la capitale de la Provence moderne qu'ils prennent les premières idées de civilisation.

Comanus voyant que tous ses efforts étaient im-
puissants et stériles, eut alors recours à un moyen hon-
teux que l'histoire doit flétrir, à la trahison. Il assembla les guerriers les plus distingués et leur adressa
ce discours :

« Vous êtes nés libres, un peuple inconnu, ennemi
» de notre religion est venu s'emparer de la plus belle
» partie de nos côtes ; ils vous préparent des fers ou
» une mort ignominieuse. *Teut* s'est expliqué par la
» voix de nos prêtres, et il vous destine à devenir les
» exterminateurs de ce peuple farouche, arrivé dans
» nos paisibles contrées du fond de l'univers. Armez-
» vous pour la défense de vos tribus, et s'il est vrai
» que vous ayez l'esclavage en horreur, courez à la
» vengeance, et prévenez, dans leurs projets sinistres,
» des hommes que leur patrie elle-même a vomis de
» son sein ; le moment est opportun : dans peu les
» Marseillais vont célébrer la fête de Flore ; quel-
» ques-uns d'entre vous iront dans leur ville comme
» pour assister à cette solennité ; j'en ferai conduire
» quelques autres dans des chariots couverts de feuil-
» lages, de manière qu'on ne puisse se douter du
» piége que je prépare. Le plus grand nombre s'em-
» busquera dans les bois voisins, et pendant la nuit,
» ceux qui seront dans la ville viendront ouvrir les
» portes. Surpris au sein des plaisirs, ensevelis dans
» le sommeil ou noyés dans le vin, les Marseillais
» tomberont sous vos haches redoutables. » Les Saliens répondirent par de grands cris de joie à cette
harangue de leur souverain ; ils frappèrent leurs bou-
cliers de leurs lances en signe d'approbation, et por-
tèrent la main au collier dont ils avaient l'habitude
de s'orner dans les grandes occasions. C'était leur
manière de jurer et de témoigner leur obéissance.

Cependant, le jour de la fête de Flore avançait, les ordres de Comanus s'exécutaient dans l'ombre, Marseille allait périr. Mais l'amour qui l'avait fondée devait la sauver.

Aceta, jeune Salienne, parente de Comanus, aimait Theodème, jeune Marseillais, et *Theodème* aimait Aceta avec autant de franchise que s'il était né Salien. Tremblante sur le sort d'une vie si chère, Aceta s'occupe des moyens de la sauver. Après en avoir tour à tour imaginé et rejeté plusieurs, elle fixe enfin ses irrésolutions, et un rendez-vous nocturne est donné par l'intermédiaire d'une personne sûre, au lieu même où naguère elle avait fait don de son cœur. Oublieuse des dangers qu'elle court, si elle est découverte, courageuse parce qu'elle aime, elle se déguise, et à la faveur des ombres de la nuit, elle se rend au lieu qu'elle-même avait désigné. Théodème l'attendait. Aceta se jette dans ses bras, et ne pouvant retenir ses pleurs, lui dévoile en peu de mots la trahison concertée par les guerriers de sa nation. « Je trahis mon pays, ajoute-t-elle ; mais si
» le secret que je viens te confier est aussi le secret
» de mon cœur, n'ai-je pas le droit d'en disposer à
» mon gré? Ma vie est entièrement liée à la tienne ;
» je ne puis être heureuse que par toi, et si tu meurs,
» je dois mourir. Ma trahison est donc un devoir,
» puisque je me sauve en te sauvant ; elle est un acte
» de vertu, puisque j'arrache aux suites d'une trahi-
» son obscure, un peuple qui est devenu le bienfai-
» teur du mien.

» Ma patrie ne périra pas, lui dit Théodème, d'un
» air qui dut sur-le-champ rassurer la jeune Sa-
» lienne éplorée ; les guerriers de ta tribu expieront
» dans leur sang leur infâme trahison, et puisqu'ils

5

» n'osent nous attaquer à forces ouvertes, il nous sera
» permis, sans doute, d'user de ruse et de les punir
» d'avoir violé les droits sacrés de l'hospitalité. Rentre
» dans ton habitation, et que le jour n'éclaire point
» ta retraite. La vengeance des Druides est plus à
» craindre pour toi, que les haches de vos guerriers
» ne le sont pour nous; Théodème, ton amant, te
» doit la vie, il veut te prouver qu'il mérite de de-
» venir ton époux. C'est à ce titre seul qu'il veut vi-
» vre. »

Les deux amants se séparèrent. Théodème courut à
Marseille, et instruisit le conseil secret des magistrats
du projet des Saliens. Il fut décidé que l'on célèbre-
rait la fête de Flore comme à l'ordinaire, et qu'on
laisserait entrer dans la ville tous les Saliens qui se
présenteraient; que, la nuit venue, on tomberait sur
eux, qu'on en ferait un massacre général, et que l'on
ouvrirait ensuite les portes pour marcher en corps
d'armée contre ceux qui seraient embusqués dans le
voisinage.

Ce stratagème eut tout le succès désiré. Les Saliens
venus à Marseille furent massacrés sans la moindre
résistance, et l'expédition du dehors, dirigée par
Théodème, qui n'était pas moins ardent pour la
gloire que pour l'amour, réussit complètement. Sept
mille Saliens restèrent sur place, et le roi lui-même
perdit la vie.

Le bruit de cette victoire se répandit bientôt dans
toute la Gaule, et Marseille ayant reçu un accroisse-
ment notable de population, grandit alors parmi les
nations, et marcha vers la prospérité que les destinées
lui réservaient. Elle ne tarda pas à devenir le centre
et la métropole des contrées environnantes. Les
guerres qu'elle eut à soutenir contre Carthage, lui va-

lurent l'amitié des Romains, dont elle sut apprécier le prix, et qu'elle sut conserver.

Lorsque Rome fut prise par Brennus, les Marseillais se hâtèrent d'envoyer des ambassadeurs et de fortes sommes pour contribuer au paiement de la rançon exigée par les Gaulois. Les ambassadeurs, à la vérité, n'arrivèrent qu'après la victoire de Camille ; mais cette démonstration ne fut point sans résultat. Elle donna à la fille de Phocée de nouveaux droits à la bienveillance et à la protection du sénat romain. Ce fut alors que Marseille établit diverses colonies sur le littoral de la Méditerranée, dans l'intérieur des Gaules, en Italie, en Afrique et en Espagne. En même temps elle fondait des écoles de science et belles-lettres, où venait s'instruire la jeunesse de l'Europe et de l'Afrique civilisées. Elle promulgait de sages lois, et était régie par un système de gouvernement dont tous les auteurs anciens font le plus grand éloge. Six cents citoyens, appellés *timouques* (honorables), étaient nommés, à la majorité des voix, par l'assemblée des habitants, et choisissaient entre eux quinze membres, dont trois avaient le pouvoir exécutif, et les autres exerçaient les diverses fonctions administratives.

L'alliance de Marseille et de Rome avait conservé son intimité. En 218, Marseille envoyait des ambassadeurs au sénat romain pour le prévenir de la marche d'Annibal. Cinquante ans après, Rome fit partir des troupes, et successivement les consuls Opimius, Fabius, Flaccus et Caïus Sextius, pour combattre les Ligures, les Dauphinois et les Auvergnats, qui avaient déclaré la guerre à Marseille. Ces peuples furent défaits en différentes rencontres. Opimius concéda aux Marseillais une partie des terres enlevées aux ennemis (1); et Caïus Sextius fonda, sur le lieu où il avait remporté la victoire, le premier établissement romain formé en deçà des Alpes, *Aquæ Sextiæ* (Aix). Il mit Marseille en possession de tout le littoral de la Méditerranée, depuis le Rhône jusqu'à l'Italie.

Ultérieurement, les Marseillais témoignèrent aux Romains leur reconnaissance, en fournissant de riches subsides à Marius, lors de la guerre qu'il eut à soutenir contre les Cimbres et les Teutons. Mais, à cette époque même, Marseille avait plus de sympathie pour ce qui paraissait devoir favoriser ses intérêts mercantiles, que pour une gloire brillante mais stérile; et ces dispositions furent bien près de lui devenir funestes.

Dans la guerre qui se déclara entre César et Pompée, elle prit parti pour ce dernier, parce que le sénat était pour lui, et qu'elle pensa que toutes les chances étaient en sa faveur. César mit le siège devant la ville, en laissa quelque temps la direction à son lieutenant Trebonius pour se rendre en Espagne, d'où il vint ensuite le faire en personne. Nous ne suivrons pas les chances diverses de ce siége ; nous nous bornerons à constater que les Marseillais eurent presque toujours le désavantage, et finirent par succomber. Profitant d'une suspension d'armes qui leur avait été accordée, ils étaient sortis de leurs murs, avaient surpris les Romains sans défense et incendié leurs machines de guerre. Aussi César, justement irrité de cette félonie, voulut d'abord la punir d'une manière terrible. Il se laissa cependant fléchir et accorda à Marseille le maintien de ses lois et son indépendance politique. Mais il s'empara de ses colonies, excepté Nice, de ses galères,

(1) Voyez Strabon.

de son arsenal, et établit, pour ainsi dire, une colonie romaine dans le sein de la république marseillaise, en plaçant dans la citadelle deux légions romaines.

En vain, la cité dépouillée ainsi de son rang et de ses possessions, emprunta-t-elle la voix de Cicéron pour demander la restitution de ses avantages. Elle n'obtint rien, et continua, sous la protection des Romains, à être une république indépendante et marchande, se livrant, sans éclat et sans retentissement, aux opérations commerciales, qui constituaient alors comme aujourd'hui son état de prospérité.

Depuis cette époque jusqu'à l'établissement du christianisme, l'histoire de Marseille n'offre rien de remarquable.

S'il faut en croire une tradition qui a été vivement combattue, et dont les circonstances sont, en effet, de nature à inspirer quelques doutes, Lazare aurait été le premier apôtre chrétien qui aurait prêché la foi à Marseille, où il arriva, avec Marthe et Marie ses sœurs, en l'an 36, et où il reçut le martyre. Le nouveau culte fit cependant peu de progrès jusqu'à 288, époque où Victor, officier dans la légion romaine, fut supplicié, ainsi que trois soldats, par ordre de Maximilien-Hercule, pour avoir voulu embrasser le christianisme : la fermeté avec laquelle ces quatre victimes souffrirent les tortures auxquelles elles furent soumises, convertit de nombreux prosélytes à la nouvelle foi, qui ne tarda pas à devenir celle de toute la population marseillaise.

Sous Charles IX et ses successeurs, les guerres de religion furent pour Marseille un sujet de troubles et de terribles discussions. Cette ville, qui avait embrassé le parti de la ligue, refusa de reconnaître Henri IV,

après son entrée à Paris, et ce refus était vivement
soutenu par Cazaulx et Louis, d'Aix, qui, à la tête
d'une faction puissante, avaient fini par dominer
toutes les autres et s'étaient fait nommer duumvirs. Ils
avaient pour ami et subordonné un nommé Libertat,
Corse d'origine, à qui ils avaient confié le commandement de la Porte royale.

Le duc de Guise faisait alors le siége de Marseille.
Libertat eut une entrevue avec ce prince, et lui vendit
Marseille pour une forte somme, la charge de viguier
et le commandement de la citadelle. Libertat remplit
le cruel engagement qu'il avait contracté, en attirant,
pendant la nuit, Cazaulx vers la Porte royale, et en lui
plongeant son épée dans la poitrine, au moment où il
se présenta. Le frère de Libertat, qui était de moitié
dans ce guet-apens, acheva le duumvir à coup de mas-
sue. La porte fut ainsi livrée aux troupes royales, qui
s'emparèrent de la ville, et Marseille perdit, avec le
titre de république, les derniers priviléges qu'elle
avait conservés jusqu'alors.

Dans le vestibule de l'hôtel-de-ville, en face du
grand escalier, est la statue en marbre d'un guerrier,
à la contenance fière, tenant une épée à la main droite :
c'est la statue de l'assassin Libertat, et à ce que l'on
assure, l'épée même dont il se servit pour l'exécution
de son crime.

Je ne fus pas peu étonné de trouver là ce souvenir de
trahison et de lâcheté; car si l'on conçoit que l'esprit
de parti ait pu le faire ériger sous Henri IV, on ne
comprend guère comment il a pu demeurer là jusqu'à
nos jours.

Marseille fut unie à la France en 1640, sous le règne
de Louis XIV, qui, étant venu à Marseille, y entra

par une brèche qu'il avait fait pratiquer près de la
Porte royale, et où, pendant son court séjour, il fit
dresser le plan et jeta les fondements d'un *fort détaché*,
celui de Saint-Nicolas, dont la première pierre porta
cette inscription : *Afin que Marseille ne puisse plus se
révolter contre son roi, poussée par suggestions perfides ou
par la rébellion de quelques audacieux.*

Ce qui prouve que l'invention de ce moyen de com-
pression n'est pas neuve, mais au moins à cette époque on avait le mérite de ne pas en dissimuler le but.
Louis XIV disait plaisamment que lui aussi voulait
avoir sa bastide. Depuis lors Marseille a suivi les
phases et les vicissitudes de la France.

C'est, rempli de tous ces souvenirs, que j'entrai dans
Marseille par la porte d'Aix, où se trouve ce magnifique arc de triomphe qui, dès le principe, fut consacré à conserver le souvenir des faciles victoires du
duc d'Angoulême en Espagne, mais auquel la révolution de juillet a donné une autre destination, en le
consacrant à rappeler des événements plus éclatants
et plus nationaux, les victoires de l'empire.

Bientôt je me trouvai au milieu de ces quartiers
élégants de la nouvelle Marseille qui, par la largeur,
la propreté, l'alignement de leurs rues et l'architecture de leurs édifices, l'animation et le mouvement
qui y règnent, me rappelèrent ce que j'avais vu de
plus beau dans les villes du continent.

Une rue, dont les magnifiques proportions peuvent
la faire assimiler à une place ou à un vaste bazar,
fixa surtout toute mon attention; c'est la rue de la
Cannebières, que les Marseillais considèrent comme
une huitième merveille, et qu'ils estiment à l'égal de
tout ce que l'antiquité a offert de plus remarquable.

Cette belle rue est le point de jonction de la Marseille nouvelle et de l'ancienne ville des *Timouques*.

C'est à l'une de ses extrémités que se déploie ce vaste et beau bassin dans lequel se pressent des milliers de navires venus de toutes les contrées du monde, et décorés de pavillons, dont les couleurs, vives et variées, présentent le tableau le plus ravissant.

Ce sont là les seuls vestiges qu'offre la fille de Phocée, de sa gloire passée, et de son antique puissance. C'est tout ce qui lui reste des monuments semés sur son sol, soit par les enfants de la Grèce, soit par la maîtresse du monde, soit enfin par les souverains du moyen-âge. Mais quelle magnificence! quelle grandeur dans le spectacle que présente le port! Marseille a raison d'en être fière, et de le montrer avec orgueil à ceux qui lui demandent où sont les traces de son ancienne prospérité.

Et si vous promenez vos regards tout au tour du bassin, vous apercevez alors, à droite, l'Hôtel-de-Ville, ce sont les produits de l'industrie élaborée : parvenus à leur dernière métamorphose ; à gauche, c'est le travail, l'industrie avec ses produits bruts. D'un côté, le confortable de la vie, les élégants cafés, les somptueux magasins, la promenade molle et douce, toutes les aises, toutes les recherches de la vie. De l'autre, les bruyants chantiers de constructions, l'inquisitive douane, les jaugeurs, les peseurs, les vastes dépôts de marchandises prêtes à être livrées à l'exportation ou au commerce intérieur. Tout le mouvement, tout le fracas, tout le travail de l'active et inquiète spéculation, et dans le fond du tableau, à droite, la Méditerranée avec ses lames paisibles ou ses vagues bondissantes. La Méditerranée, oh! en la

voyant, je me rappelai involontairement ces beaux
vers d'un jeune et brillant poète:

> La mer, la belle mer, la Méditerranée,
> Oh! qui ne l'aimerait, qui ne voudrait la voir?
> D'une verte ceinture elle est environnée,
> Elle est limpide et bleue et calme chaque soir;
> C'est une glace unie, où sourit et se mire
> Le ciel de l'Orient, toujours clair, toujours pur;
> C'est un lac parfumé d'aloés et de myrrhe:
>   C'est un vaste manteau d'azur (1).

Il me serait bien difficile de rendre l'impression
profonde que fit sur moi l'imposant et magnifique
spectacle qu'elle présente, lorsque je la vis pour la
première fois. A l'aspect de cette immense nappe
d'eau, à laquelle l'œil ne peut assigner de limites, et
dont l'azur semble se confondre, à l'horizon, avec
l'azur des cieux, je sentis mon âme s'élever, ma pensée s'agrandir; j'éprouvai quelque chose de cette sai-
sissante émotion que l'on ressent lorsque, sur le soir,
alors que le jour ne projette plus sur les vitraux
qu'une clarté douteuse, l'on pénètre sous les voûtes
imposantes d'un monument religieux.

Ainsi que je l'ai dit plus haut, bien que Marseille
ait été la contemporaine de Tyr et de Sidon, cité romaine, l'amie de César et de Pompée, l'émule d'A-
thènes, une seule antiquité y fixe l'attention du
voyageur : je veux parler de la porte de la Joliette.
S'il faut en croire quelques historiens, c'est par cette
porte, qu'après avoir fait le siége de Marseille, César
y serait entré. De là son nom *porta Julii*. D'autres lui
contestent cette antique origine, et font remonter la
construction de cette ruine décrépite et vermoulue
au XVe siècle. Pour être de l'avis de ces derniers, il

_____

(1) Thévenot de la Creuse.

suffit de jeter les yeux sur ces débris, qui établissent
qu'une construction aussi imparfaite n'aurait pas ré-
sisté, pendant tant de siècles, aux atteintes du temps
et à l'influence corrosive de l'air de la mer.

On trouve cependant encore à Marseille, un ancien souvenir. C'est une maison, rue des Grands-
Carmes, n° 54, et qu'aurait habité Milon, lors de
l'exil qu'il fut condamné à subir à Marseille, après
l'assassinat de Claudius. A l'aspect de cette antiquité,
je me rappelai le célèbre discours de Cicéron, *pro Mi-
lone*, qui, pendant le cours de mes études, et malgré
les beautés qu'il renferme, avait été si souvent pour
moi une cause et de peines et d'ennuis.

C'est, en effet, à l'éloquent orateur romain que
Milon confia le soin de sa défense, et s'il faut en
croire certains historiens, il paraît que l'illustre ac-
cusé, comptant moins, dans cette circonstance, sur
son courage que sur son talent, le fit porter au Forum dans une litière fermée, de crainte que la vue
de tout le peuple (1) et des soldats qui étaient en grand
nombre réunis, ne le troublât et ne paralysât ses
moyens. Mais cette précaution n'eut point le succès
qu'il s'en était promis. Cicéron fut froid et embar-
rassé, et quelques efforts qu'il fît, il ne put trouver
un seul de ces mouvements heureux à l'aide desquels, plus d'une fois, il avait sauvé la vie d'un ac-
cusé. Milon fut condamné.

Quelque temps après, et lorsqu'il était sur la terre
de l'exil, Cicéron lui adressa son discours, mais considérablement corrigé. La différence qui existait
entre la harangue écrite et celle que l'orateur avait

----

(1) Cicéron passait dans l'esprit du peuple pour être le complice
de Milon.

prononcée, n'échappa point à l'illustre exilé ; aussi
ne put-il s'empêcher de lui répondre avec une certaine amertume : *Cicero, si sic egisses, barbatos pisces
non ederet Milo...*

Ce qui veut dire : Cicéron, si tu avais parlé comme
tu as écrit, Milon ne mangerait point, à Marseille,
des poissons barbus.

En quittant la rue des Grands-Carmes, je me dirigeai vers les anciens remparts de la ville. Ils n'of-
frent par eux-mêmes rien de remarquable, mais une
partie qu'on appelle la *Tranchée-des-Dames*, inspire
le plus vif intérêt et remplit l'âme d'enthousiasme.
C'est qu'à ces murs, mutilés par le temps ou tout
couverts de la mousse des siècles écoulés, se rattachent
une des plus belles pages de l'histoire de Marseille,
les plus glorieux comme les plus patriotiques souvenirs. A leur aspect, je fus pénétré d'une vive émotion ; dans ce siècle de glacial égoïsme, où tous les
sentiments généreux, les plus nobles passions, tout
ce qui élève l'âme ou agrandit la pensée, semblent
s'éteindre sous l'action incessante d'un matérialisme
effrayant ; l'on aime à rencontrer, même dans le
passé, quelque chose qui vous repose du poids du
présent, et relève les espérances de l'avenir. C'est
l'ombrage au milieu du chemin, c'est le ruisseau
limpide qui désaltère le voyageur. Aussi est-ce avec
un charme inexprimable que, pénétré du plus profond respect, j'interrogeai une à une les pierres qui
composent ces ruines décrépites, mais saintes, et qui
toutes rappellent un acte de dévouement et d'héroïsme.

C'était après la célèbre victoire que remporta François Ier, à Marignan et à la suite de laquelle fut con-
clu ce fameux concordat qui a servi, pendant si long-

temps, de base aux droits de l'église gallicanne, et posa des limites fixes entre la puissance des papes et celle des rois (en 1516). Ce prince voulut alors visiter la Provence; il s'arrêta d'abord à Manosque, puis il se dirigea sur Marseille d'où il se rendit à Aix avec sa mère, Louise de Savoie, et la duchesse d'Alençon.

Le pape Léon X, qui avait été en quelque sorte le chef de la ligue qui s'était organisée contre lui, mais qui, après la bataille dont nous venons de parler, avait semblé rechercher son alliance, n'était plus. Deux princes également vaillants, François Ier et Charles-Quint, occupaient la scène politique, et la tiare venait d'être déférée au cardinal Adrien, hollandais de nation, ancien précepteur de Charles-Quint, vers qui dès lors se tournèrent tous les esprits.

Vainement François Ier avait tenté de reprendre Parme et Pavie, les Suisses, depuis le traité de Fribourg, avaient été battus près de la Bicoque, et le marquis de Pescaire, aussi digne d'être le général de Charles-Quint, par son astuce, sa souplesse et ses ruses militaires, que Bayard était digne d'être celui de François Ier, par sa bravoure, sa franchise et sa loyauté; Pescaire avait pris Lodi et pillé Gênes. Les Vénitiens renoncèrent alors à l'alliance de la France et se liguèrent avec le pape et l'empereur. — La trahison du connétable de Bourbon vint mettre le comble à tous ces malheurs. Ce prince froissé par la mère du roi qui, pour se venger de ses dédains, voulut s'emparer de la succession de Jean-de-Bourbon, son oncle, et lui intenta à ce sujet, un procès fâcheux, n'écoutant que son courroux, abandonna la France pour se mettre au service de Charles-Quint qui le fit généralissime de ses armées.

La Provence fut le théâtre de ses premiers exploits;

il y parut à la tête de 25,000 hommes ; s'empara de Grasse, d'Antibes, de Fréjus, de Draguignan, d'Hières, d'Aix et de Toulon. Il courut ensuite à Marseille, persuadé que cette ville, attaquée par mer et par terre, ne soutiendrait pas long-temps le siége.

Déjà François Ier avait fait dévaster les récoltes en Provence afin d'enlever aux ennemis tous moyens de subsistance, mais cette mesure fit renchérir les denrées à un taux exhorbitant, ce qui n'empêcha pas les Arlésiens d'envoyer des secours aux Marseillais, à ce point, que la caisse municipale étant épuisée, la communauté délibéra, le 21 juin 1523, que chaque conseiller lui prêterait de l'argent en proportion de ses facultés. De son côté, Marseille, pour arrêter la cupidité des empereurs, fit un réglement et prit ses mesures pour recevoir, par le Rhône, la farine, le vin et les autres provisions que la ville d'Arles devait expédier.

Cependant les vaisseaux français, dont la plupart étaient commandés par des officiers provençaux, livrent plusieurs combats aux impériaux, qui sont défaits devant la ville de Nice. L'armée du connétable est canonnée près de l'embouchure du Var ; la flotte française s'empare de deux vaisseaux sur lesquels se trouvaient le prince d'Orange et divers seigneurs. Ces prisonniers sont envoyés à François Ier, qui aussitôt donne d'abord l'ordre de fortifier Marseille, puis, pour ôter tout abri à l'ennemi, celui de raser les faubourgs avec leurs couvents, leurs églises et d'élever des murs doubles. Alors eut lieu un spectacle admirable de grandeur et de patriotisme; un saint et noble enthousiasme enflamme tous les cœurs, et les dames Marseillaises sont les premières à donner l'exemple du plus actif dévouement comme du plus rare courage.

L'ennemi est aux portes de la ville, les marseillaises le savent, elles savent aussi que les travaux commandés sont à peine commencés, et que de ces travaux dépend le salut de la ville. Alors on les voit toutes, sans distinction d'âge ni de rang, courir, se mêler aux travailleurs, l'on voit de jeunes femmes appartenant aux rangs les plus distingués, élevées dans la mollesse et les plaisirs, se livrer à l'envi aux travaux les plus durs, se charger de lourds fardeaux, pétrir le ciment, se servir du pic et de la pelle pour assurer la défense d'une ville dont elles faisaient les délices. Cet exemple double les forces et le courage des ouvriers, et en peu de temps les travaux sont achevés. Ce n'est pas tout, le siége durait depuis un mois et tous les efforts du connétable, qui ne s'était point attendu à une aussi longue résistance, n'avaient obtenu aucun résultat favorable. Il prit alors le parti de faire miner les remparts, mais des Ursins que François Ier avait envoyé à Marseille avec Philippe Chabot et quatre mille hommes chargés spécialement de défendre la ville jusqu'à la dernière extrémité, pénètre son dessein ; à l'instant il fait abattre la maison de l'évêque, l'église Saint-Cannat, située près des remparts et ordonne des tranchées afin d'arriver aux mines des assiégeants et de les éventer. En trois jours ce travail périlleux fut achevé, et ce succès étonnant fut encore dû au patriotisme des dames marseillaises. C'est pour en perpétuer le souvenir glorieux, que l'on a donné à cette partie des remparts, le nom de la *Tranchée-des-Dames.*

La nouvelle suivante, dont un Provençal fut le héros, et une jeune Anglaise, naturalisée Marseillaise,

l'héroïne, ne sera peut-être point ici sans intérêt ;
elle se rattache aux tranchées dont nous venons de
parler, et rappelle ces femmes intrépides et ver-
tueuses dont s'énorgueillit l'ancienne Rome, et à qui
l'amour de la patrie inspirait les actions les plus héroïques.

Beauvilliers aimait éperduement Marguerite Wos-
ther ; jeune, bien fait, aimable, plein d'esprit et
opulent, il était, sous tous les rapports, digne de la
belle anglaise qui, pourtant, lui avait préféré Langers. Mais Langers venait de mourir, et sa mort avait
ramené l'espérance dans le cœur de Beauvilliers. Un
jour il entretenait la jeune veuve de son amour et de
sa douleur profonde, lorsqu'un bruit extraordinaire
se fit entendre ; des hérauts d'armes, par ordre de des
Ursins, appellaient le peuple aux tranchées et le peuple se précipitait sur leurs pas. Instruite de la cause
de cet empressement, Marguerite regarde avec pitié
le langoureux Beauvilliers ; son imagination s'exalte,
son courage s'allume ; c'est par vos actions, dit-elle à
son amant, et non par vos paroles qu'il faut me
prouver votre amour ; allons à la tranchée, venez
vous y rendre digne de mes sentiments, je vous don-
nerai l'exemple du travail et du patriotisme, et si
vous me suivez, mon cœur est à vous ; mais si vous
craignez la mort, si en présence des dangers de la
patrie, ce sentiment vous glace l'âme, alors vous êtes
indigne de moi ; à votre âge et dans les circonstances
où nous sommes, loin de languir aux pieds d'une femme, un homme d'honneur doit courir après la gloire.
Vous avez un ennemi à vaincre avant d'avoir vaincu
mon indifférence ; cet ennemi est celui qui travaille
à renverser nos remparts, suivez-moi et méritez mon
amour.

Une femme hardie, effrontée, intrigante, qui ne
sait attirer ses amants que par la coquetterie et ne les
conserve que par ses faveurs, les fait obéir comme
des esclaves dans les choses ordinaires, mais dans les
affaires importantes et graves elle est sur eux sans
autorité comme sans empire (1). Il en est autrement
de la femme à la fois honnête, aimable et sage, de
celle qui par sa réserve, sa modestie, sa vertu, commande le respect à tout ce qui l'entoure; celle-là sou-
tient l'amour par l'estime, et d'un signe envoie ses
amants au bout du monde, au combat, à la gloire,
à la mort.

Enflammé, Beauvilliers suit l'héroïque veuve, s'ar-
rête avec elle sur les bords de la tranchée, se charge
du travail le plus périlleux, descend dans le fond d'où
il présente à Marguerite les paniers pleins de terre
qu'on en retirait. Mais tout à coup les terres s'ébou-
lent, Beauvilliers est enseveli!.... Désespérée, Wos-
ther se jette alors dans la tranchée, et avec le secours
des témoins de ce désastre, découvre bientôt le corps
de son malheureux amant meurtri, couvert de sang,
n'ayant plus que quelques signes de vie. Beauvilliers
expira en prononçant le nom de Marguerite qui était
en proie à la plus déchirante douleur. Penchée sur
le cadavre elle s'écriait : « O mon époux, c'est moi
» qui ai causé ta mort, mais c'est moi qui la vengerai ;
» couverte de tes habits, armée de ton épée, j'irai
» chercher les ennemis auxquels; pour me plaire,
» tu voulais fermer l'entrée de la ville devenue ma
» patrie; je me mêlerai dans les bataillons fran-
» çais, je sortirai avec eux, la fureur et l'amour
» marcheront devant moi, et après avoir répandu le

(1) Rousseau, dans Emile.

» sang de nos ennemis, j'irai m'immoler sur ta
» tombe. »

Le lendemain une partie de la garnison fit une
sortie, Marguerite, emportée par son désespoir, se
jeta dans la mélée et y périt en véritable héroïne,
prouvant ainsi, que dans les nobles cœurs, l'amour
peut devenir la cause des plus belles actions.

Ce fut quelques temps après, qu'eut lieu à Marseille,
un événement qui n'eut point de suites remarquables,
mais dans lequel notre politique moderne, sur la civilisation de l'Algérie, peut trouver un enseignement utile.

La guerre venait de se déclarer entre la Perse et
Amurat, empereur des Turcs. A cette occasion, le
souverain d'Alger avait fait un armement considé-
rable; il aborda sur les côtes de Provence avec vingt-
quatre vaisseaux; comme on le pense bien, on n'em-
ploya pas le temps à le visiter, à le haranguer, mais
on lui fournit des vivres et le moyen de *faire escale*
commodément. C'était tout ce que le prince barba-
resque désirait. Comptant sur l'empressement et la
gracieuseté de cet accueil, le gouverneur de Provence
crût l'occasion favorable pour demander et obtenir
que les corsaires algériens ne troubleraient plus le
commerce des navigateurs français, et il en fit prier le
dey. Celui-ci promit tout, même au-delà de ce qu'on
lui demandait, et partit. Il était à peine à trois lieues
en mer, qu'il rencontra quelques navires provençaux
et les pilla. Les matelots qui firent résistance furent
maltraités, mutilés, chargés de fers; les autres,
placés nus dans une embarcation purent faire route
vers la Provence; ainsi se vérifia le proverbe déjà
vieux, mais toujours plein de vérité : *sur la peau d'un*
Maure, le savon est perdu.

L'église Saint-Victor, qui est à l'extrémité de la

6

rue Sainte, mérite également quelque attention. La fondation de ce monument remonte à l'an 410. Il repose, d'après la tradition, sur les ruines d'une ancienne abbaye, dans les caveaux de laquelle Callien, revenant des déserts de la Thébaïde, aurait trouvé le corps de saint Victor.

Les caveaux de cette église renferment aujourd'hui une bonne Vierge : c'est la madone la plus vénérée des Marseillais. C'est elle qu'ils invoquent pour faire tomber de la pluie, lorsque les ardeurs de leur brûlant soleil ont desséché la terre. On la dit aussi très-féconde en miracles de tous genres.

J'admirai également, en passant près de la rue d'Aubagne, une fontaine, belle par sa simplicité même ; elle porte cette inscription : *Les descendants des Phocéens à Homère*. Soit hasard, soit pensée, il y a un magnifique platane qui ombrage le monument et le buste si connu d'Ωμερος. Par dessous, un grand lavoir troyen, comme aux portes de Scées, sur les bords du Simoïs. C'est un chapitre de l'Odyssée en action.

Ce fut à la visite de ces divers monuments que je consacrai la première journée que je passai à Marseille. Mais deux choses ne pouvaient lasser mon admiration : c'est le port et la Méditerranée. J'aimais surtout, à me placer sur l'esplanade qui avoisine le fort Saint-Jean, et du haut de laquelle l'œil peut embrasser la mer dans une distance qui n'a pour limites que l'horizon ; j'aimais à découvrir au loin les navires qui tout d'abord se présentaient à moi sous la forme d'un simple point noir, mais qui bientôt grandissant à vue d'œil, venaient s'arrêter à mes pieds avec des proportions gigantesques. Il paraît que cette innocente distraction est aussi celle à laquelle consacrent leurs loisirs les oisifs de Marseille, vulgairement connus sous le nom de *flâneurs*.

CHAPITRE VII.

Marseille.

Le lendemain, à peine l'aurore eut-elle, ainsi que le dit le poète, avec ses doigts de rose, ouvert les portes du jour, que je gravissais le mont Sacré, qui s'élève au-dessus de Marseille et domine la mer, et au sommet duquel est situé *Notre-Dame-de-la-Garde*. C'est un fort et une église tout à la fois : le fort présente peu d'intérêt, l'église n'en offre pas davantage, au point de vue archéologique ; mais elle est, sous le rapport religieux, en grande vénération. C'est là que, riante et couronnée des bleuets de la dernière moisson, réside la Vierge amie des matelots, la protectrice qu'ils implorent toujours pendant la tempête, ou lorsqu'ils se séparent du continent pour affronter les dangers de la mer. Cette église fut bâtie par un moine

du nom de Pierre, à qui la colline fut cédée par Guillaume, abbé de Saint-Victor. Cette colline, aujour-
d'hui si aride, où à peine quelques plantes aromati-
ques se montrent, était autrefois totalement boisée.
Là commençait une forêt qui avait plusieurs lieues
d'étendue, forêt sacrée, que, suivant Lucain (1), la superstition des Saliens regardait comme le sanctuaire de
la divinité, et à laquelle leurs haches n'avaient jamais
osé touché ; là, des arbres antiques donnaient, sous
leurs épais feuillages, asile aux mystères des Druides ;
là, des victimes humaines avaient souvent, en présence d'un peuple crédule et pénétré d'une horreur
religieuse, arrosé la terre et poussé vers le ciel leurs
cris lamentables.

C'était là que le peuple et les cavaliers allaient
rendre compte de leurs actions à des ministres envi-
ronnés de tous les attributs de la tyrannie qu'ils exerçaient sur leurs esprits ; c'était là enfin, que des
autels élevés sur les restes palpitants des victimes,
rendaient sans cesse redoutable, aux habitants de
cette malheureuse terre, la cruauté d'un Dieu couvert de victimes ensanglantées, et la vengeance de ses
ministres. Jamais le berger timide n'avait fait paître
ses troupeaux dans ces bois ; jamais le chasseur infatigable n'avait osé y poursuivre les bêtes fauves qu'il
avait fait lever dans les champs voisins, car ce bois
était l'un des temples de *Teut*, et au nom de Teut, les
Celtes tremblants, demandaient à la terre un abîme
qui les engloutît, plutôt que de violer un lieu qu'il
s'était réservé pour recevoir les hommages de son
peuple.

Mais lors du siège de Marseille par César, ce der-

(1) Page 92, tome Ier.

nier, supérieur à la superstition, ordonna à ses soldats d'abattre les arbres de cette forêt, pour en construire les machines qui lui étaient nécessaires. Les
cris des Saliens qui étaient dans son armée les arrê-
tent, et ces cris produisent dans l'âme des Romains
la même terreur religieuse qui les leur fait pousser.
César regarde alors ses soldats d'un air menaçant, arrache la hache des mains de l'un d'eux, et d'un bras
vigoureux abat le chêne auprès duquel il se trouvait.
Un morne silence succède aux cris de la superstition
effrayée, et les Romains, enhardis par l'exemple de
leur général, portent la cognée au pied des arbres les
plus forts. C'est ainsi qu'avec le prestige religieux qui
s'y rattachait, a successivement, et depuis lors, disparu la forêt tout entière.

Le fort date du règne de François Ier. Le panorama qui se déroule à ses pieds est admirable, ravissant. Au premier plan, c'est Marseille avec son port
et sa forêt de mâts. Ses vastes magasins, ses magnifiques rues, et tout ce mouvement qui leur donne
un aspect si vivant et si animé; et au-dessus, les
innombrables bastides marseillaises, et le superbe
amphithéâtre qui les enclot.

Tout le monde ne sait pas ce que c'est qu'une bastide. Quelques détails à ce sujet ne paraîtront donc
pas sans intérêt. Une bastide n'est autre chose qu'une
maison de campagne. Chaque habitant de Marseille
en possède une dans le terroir, et pour qu'il y eût
place pour tous, il a bien fallu que les bastides se
serrâssent un peu. Beaucoup de Marseillais qui n'ont
pas de maison de ville, ont des maisons des champs.
C'est que la campagne est un besoin dans les mœurs
marseillaises. C'est là que l'on va le samedi soir,
pour en revenir le lundi matin se délasser des fati-

gues du comptoir. Les *villa* les plus splendides ne saurait égaler, aux yeux du Marseillais, sa bastide bien chaude et bien close, avec ses mûriers devant la porte ; sa vigne et ses oliviers tout autour, et au bout, le poste au feu. Le poste au feu, ainsi qu'on l'a dit ailleurs avec beaucoup de vérité, c'est la poésie, c'est le drame de la bastide, c'est la première et la plus haute expression des joies bucoliques du dimanche d'automne.

Voici ce que c'est que le poste au feu et la chasse pour laquelle il a été créé : c'est une étroite hutte creusée dans le sol, à peine hors de terre, et couverte d'un amas de feuillages flétris et de branches coupées ; en face de cette hutte sont deux ou trois pins, au sommet desquels de longues bignes de bois étalent horizontalement leur squelette dépouillé : on appelle cela des cimeaux. Au pied et aux branches basses des pins, on place des cages garnies d'oiseaux, de la nature de ceux que l'on veut poursuivre, et dont le chant matinal attire le gibier vagabond. Au point du jour, le chasseur marseillais se rend à son poste avec armes et bagages. Il s'y niche avec de fortes munitions de guerre et de bouche, et là, il attend avec un rare courage, le canon de son fusil sortant par de légères échancrures, qu'au bout de trois heures, souvent de quatre, une grive vienne se percher sur l'un des cimeaux. Quand la grive vient, ou le ramier, voire même le chardonneret, le chasseur, qu'agite presque toujours une très-vive émotion, l'ajuste, fait feu, et va gravement chercher l'oiseau, que le plus souvent il n'a pas touché, car le chasseur marseillais est assez généralement maladroit.

Mais si, par un heureux hasard, il frappe juste, il met alors le gibier dans sa carnassière, et revient

à Marseille au milieu de toutes les joies du triomphe.
Il parait qu'il passe à Marseille par jour mille oiseaux de passage. C'est sur ce gibier exotique que
s'exerce exclusivement l'adresse des Marseillais. Rarement il chasse la caille, plus rarement encore la
perdrix. Le lièvre est pour lui un animal fabuleux.

En descendant de la montagne de Notre-Dame-de-
la-Garde, je m'arrêtai un instant à la *Consigne*, qui
n'est autre chose que le lieu de réunion des bureaux
de l'intendance sanitaire.

C'est là que sont remises les lettres des bâtiments
en quarantaine, et que viennent de viser les marins
ou passagers des bâtiments en petite quarantaine. Cet
établissement, comme monument, ne présente aucun
intérêt ; mais il renferme deux choses précieuses au
dernier degré, et bien dignes de fixer l'attention du
voyageur : c'est d'abord un bas-relief, par Puget,
représentant la peste de Milan. C'est un chef-d'œuvre
d'exécution et de génie. Ensuite, deux tableaux, par
le peintre marseillais Serre, de la peste de 1720. L'un
d'eux reproduit le beau trait du chevalier de Rose,
à qui le patriotisme et l'amour de l'humanité don-
nèrent le courage de braver, pour sauver ses concitoyens, l'aspect dégoûtant de la putréfaction et de la
mort.

C'était dans le mois de décembre 1720 : les bras
manquaient pour inhumer les cadavres entassés sur
l'esplanade de la Tourrette, d'où s'exhalait une in-
fection qui portait en tous lieux les germes de la con-
tagion. La misère était affreuse, et les récompenses
promises auraient suffi pour enrichir vingt familles
d'ouvriers. Pas un pourtant n'osait aborder cet horrible charnier, où la peste se montrait entourée de
tous ses épouvantables attributs. Cependant un homme

se dévoue : c'est le chevalier Rose, alors intendant du bureau de santé ; il se transporte chez le commandant de la ville, le bailli de Langeron, qui se livrait à la douleur et au désespoir. Rose le rassure, et lui promet qu'avant la fin du jour tous les cadavres seront enlevés. Il demande cent forçats des plus vigoureux, les choisit lui-même, leur fait ceindre fortement la tête et le nez d'un mouchoir imbibé de vinaigre, se met à leur tête, et leur donne l'exemple du plus affreux travail. En quelques heures, l'esplanade fut nettoyée et les cadavres couverts de chaux vive.

L'autre tableau représente le dévouement de l'immortel et courageux Belzunce, évêque de Marseille, qui, pendant que l'horrible fleau sévissait avec le plus de fureur, placé à la tête des médecins, des prêtres, ne quitta pas un seul instant son troupeau affligé. Ces deux magnifiques toiles, dans lesquelles le célèbre artiste a su peindre les sentiments les plus divers, le courage et le dévouement, la crainte et l'espérance, la douleur et le désespoir, les angoisses même de la mort, avec une vérité admirable d'expression et d'énergie, me pénétrèrent de la plus vive émotion ; j'étais surtout saisi d'un saint respect, en contemplant la noble et imposante figure de ce vénérable prélat, dont les sentiments évangéliques s'animaient encore au milieu du danger, au lieu de s'attiédir, et qui sut si bien comprendre que les fonctions du sacerdoce n'avaient été remises dans ses mains que pour instruire, édifier et consoler. Oh! plût à Dieu que tous les ministres des autels se montrassent ainsi pénétrés de leurs devoirs et de la divine mission qu'ils sont appelés à remplir ici-bas. Alors nous n'aurions plus à déplorer ces querelles injustes, ces polémiques passionnées, et à jamais regrettables, dans

lesquelles, dans ces derniers temps, nous avons vu
des membres du haut clergé prendre une si large
part, et compromettre ainsi, avec l'autorité de leur
saint ministère, la puissance du sentiment religieux.

Mais onze heures venaient de sonner, c'était l'heure
du déjeûner à l'hôtel. Je me hâtai de m'y rendre, et
en entrant, je trouvais mon hôte assis en face d'un
énorme potage appelé, dans le pays, *bouillebesse*.

Ce potage est un composé de coquillages et de pois-
son de mer : on le considère, dans le Midi, comme
un mets très-friand. Pour mon compte, il m'a toujours inspiré une invincible répugnance ; cependant
ce jour-là, j'eus la spirituelle idée de goûter de ce
plat indigène, dont mon hôte m'offrit avec une cor-
dialité tellement importune, qu'il n'y avait pas
moyen de dire non. Hélas ! mon expérience fut tout
justement aussi heureuse que celle dont s'avisèrent
M. et Mme Dacier, à l'endroit du brouet lacédémo-
nien. Pendant deux heures, j'eus l'intime conviction
que j'étais empoisonné, ou qu'au moins j'avais le
choléra. L'hôte, trop aimable, qui m'avait infligé
cette indigeste politesse, parut fort étonné des con-
torsions dont je fus la proie, par suite de l'impru-
dence que j'avais commise. Cependant il essaya naïve-
ment de me convaincre qu'une seconde bouchée
de son affreux potage me tiendrait lieu d'une tasse
de thé. Je ne me laissai pas persuader ; mais je lui
dis que, si jamais j'avais des idées de suicide, je re-
viendrais m'asseoir à sa table, et qu'alors je ne re-
culerais devant aucune espèce de *bouillebesse*.

Mon hôte m'apprit ensuite que, le lendemain, devait avoir lieu, à Solliès-le-Pont, un pèlerinage vers
la chapelle que la piété des ancêtres a élevée, sur un
monticule, à la patronne de cette ville, et que ce pè-

lerinage était assez célèbre jadis dans la basse Provence, pour qu'on y accourût de toutes parts. Il ajouta
qu'il était sur le point de s'y rendre, et que, s'il pouvait m'être agréable d'être du voyage, il se ferait un
plaisir de m'offrir une place dans sa carriole; je n'eus
garde de refuser, et après m'être vêtu d'une manière
convenable, je me mis à sa disposition.

CHAPITRE VIII.

Pèlerinage à Notre-Dame-de-Solliès-le-Pont.

Solliès est une ville antique : on veut que, pendant l'invasion romaine, cette Héliopolis des Gaules ait été illustrée par son temple dédié au dieu de la Lumière, et que le soleil ait eu là ses prêtres, ses hécatombes, son culte et ses adorateurs.

Quoi qu'il en soit de ces prétentions, Solliès joua, au moyen âge, un rôle important, comme place forte de la contrée. Aujourd'hui la *haute ville* est descendue dans la plaine, et sur les hauteurs qu'elle occupait et que tapisse une végétation touffue de tyms et de romarins, elle n'a laissé que des pans de murs et de forteresses écroulées, décombres contre lesquels quelques rares habitants ont adossé quelques masures en ruines.

Ce fut dans la soirée, c'est-à-dire quelques instants après que nous fûmes descendus de l'espèce de carriole qui nous avait horriblement cahotés jusqu'à la grande place de la ville, que la fête commença. Pendant la journée, le soleil avait versé ses plus ardentes canicules... Vêtues de fraîches robes blanches, le sein couvert de légers fichus de gaze, les jeunes filles de la ville et des environs commencèrent la promenade sur la grande place. Étrangers et jeunes gens ne tardèrent pas à s'y rendre, et en un instant la place et ses abords furent encombrés.

Alors, dans cette foule qui parlait, qui riait aux éclats, ou qui bourdonnait à demi-voix des paroles inentendues, commencèrent des allées et des venues en tous sens, où des groupes de jeunes filles, circulant à travers des haies de jeunes gens, se croisaient, échangeaient un sourire, un serrement de main ou un ironique salut et une observation caustique.

Cependant la nuit devenait foncée, le feuillage des grands arbres dont la place était couverte interceptait jusqu'aux lueurs des étoiles, et peu à peu, dans la foule un grand silence se faisait quand, toute cette industrie de détail, qu'attirent les réunions, vint installer bruyamment ses établis chargés d'éventails et de bijoux de cuivre doré, et improviser en un instant une foire toute illuminée.

Avec l'éclat des lampes et des bougies, c'en fut fait du silence, qui pendant quelques instants avait régné dans l'obscurité: une folle gaîté courut par toute la place.

Venez, me dit tout à coup mon hôte.

Je le suivis sur le grand pont du torrent qui traverse la ville; un feu de joie s'y brûlait en l'honneur de la patronne dont on devait célébrer la fête le lendemain.

La patronne de Solliès, me dit-il, est une grande sainte; son père, préfet des Romains dans la contrée, voulut la forcer à abjurer le christianisme qu'elle avait embrassé, et l'enferma dans une tour élevée; mais elle trompa la surveillance de ses gardiens, et vint se creuser une retraite dans les flancs d'une colline assise à dix minutes d'ici, et sur le sommet de laquelle est bâti son ermitage. Le lieu était désert et aride : Dieu rendit la colline verdoyante jusqu'à la cime, et fit couler au pied de la grotte de la sainte une abondante source d'eau. La sainte, découverte plus tard, fut décapitée par ordre de son père. Mais Dieu sanctifia les lieux qu'elle avait habités; la source où elle puisait sa provision d'eau, alimente aujourd'hui une partie des fontaines publiques. Les capriers en fleurs, qui bordent les sentiers qu'elle parcourut, ont des propriétés particulières pour bien des maladies, et jamais, dans les moments de danger pressant, les habitants de Solliès n'ont imploré en vain leur bonne et sainte patronne.

Les danses ne tardèrent pas à s'ouvrir, et le dernier son des violons ne s'éteignit qu'avec les premières lueurs de l'aurore; mais de combien de transports et d'acclamations cette naissante aurore ne fut-elle pas saluée.... Tous les fusils de chasse furent mis à réquisition : on y ajouta tout ce qu'on put rencontrer d'armes rouillées et de défroques militaires ayant appartenu à tous les règnes. Une partie de la population mâle se mit sur un pied belliqueux pour se préparer dignement à la fête....

Cependant la porte de l'église s'ouvrit majestueusement sur ses deux battants. La châsse dorée de

Notre-Dame-de-Solliès, précédée des jeunes filles du pays, de jeunes gens, de bannières, du clergé et de tous les hommes armés qui formaient l'escorte, sortit de l'église processionnellement et s'achemina vers l'ermitage de la sainte.

Une foule immense l'accompagnait.

En même temps que Notre-Dame-de-Solliès-Pont montait en pèlerinage à l'ermitage qui porte son nom, Notre-Dame-de-l'Ermitage, précédée, elle aussi, de jeunes filles et de blanches bannières, descendait solennellement avec des fleurs, des chants et de l'encens, à la rencontre de la sainte de Solliès.

Arrivées vers le milieu de la montée, les deux saintes se rencontrèrent; un profond silence s'établit, et tout le monde s'agenouilla. Il y avait là trois mille personnes toutes courbées devant l'ouvrage de quelque grossier sculpteur; mais cette ébauche, grossièrement équarrie, était dans la pensée de toutes, l'image d'une sublime vierge, et toutes étaient pénétrées de la plus religieuse émotion.

Les habitants du pays rapportent, qu'arrivées au milieu de la montée, les deux saintes se souriaient. Mon hôte et moi ne pûmes constater le fait; aussi, est-ce sous toutes réserves que j'acceptai et que je rappelle cette tradition.

Et pendant ce temps le ciel étincelait; c'était comme une mer suspendue à nos fronts, où des vagues de nacre et d'or venaient se heurter à des rochers de lumière, à des îles de cristal.

Cependant on se releva, et les deux processions se remirent en route, l'une pour descendre dans l'église de Solliès-Pont, l'autre pour monter à la chapelle. Alors, dans la chapelle du haut, et dans l'église d'en bas, un double service commença. Une messe simple,

priée à voix basse, servie par deux jeunes enfants, fut
dite à l'autel de la chapelle, tandis qu'une grand'-
messe éclatante de bougies, de chants, de musiques
et de flots d'encens, était célébrée solennellement
dans la nef de l'église de la ville.

A la pompe des ornements sacerdotaux qui bril-
laient dans l'enceinte de la grande nef, beaucoup de
gens, et nous fûmes de ce nombre, avaient préféré la
petite messe de l'ermitage.

L'ermitage, bâti sur le mamelon d'une colline
verte depuis le sommet jusqu'à la base, domine de
très-peu Solliès-le-Pont et ses alentours; il n'a pas,
comme Notre-Dame-de-la-Garde, le front dans les
brouillards, et il n'y a à la montée ni pins ni mélèze,
mais des aubépines et des capriers en fleurs, des sour-
ces d'eau pure, des grottes taillées dans le roc; des
tyms et des romarins en marquent la route. N'y
cherchez pas un air vif, des sentiers escarpés, un panorama imposant; vous n'y trouverez qu'une brise
tiède, un chemin peu rude, peu caillouté, une vue
délicieuse, des vallons verts, des collines vertes, des
herbes vertes et des ruisseaux verts. Il n'y a là rien
de bien grandiose, ni de bien majestueux; mais il y
a quelque chose de simple et de doux qui va à l'âme.

Quant à la chapelle, elle ressemble à celle de tous
les autres ermitages: une croix d'étain, des chande-
liers de fer, un autel de pierre et des *ex voto* partout.

La messe fut dite avec piété, et entendue avec recueillement; mais l'enceinte de la chapelle est tellement étroite, et il y avait tant de monde, que c'est à
peine si l'on pouvait y respirer. Je crus pour mon
compte que j'y étoufferais; aussi, lorsque arriva le
moment solennel où le prêtre vous avertit doucement

que la messe est finie, on se leva avec une expression
de bonheur difficile à décrire. On salua respectueuse-
ment le sanctuaire, et l'on se répandit joyeusement
tout autour de la chapelle.

On déjeûne partout, et l'hospitalière Provence est
beaucoup trop sensuelle pour pousser ses pieuses dévotions jusqu'à l'abstinence, même après avoir ac-
compli un devoir religieux. Aussi, avant de dire adieu
à la protectrice des habitants de Solliès-le-Pont, est-
il d'usage de déjeûner sur l'un des flancs de l'ermitage.

La messe entendue, c'est le moment où l'on se par-
tage en groupes, où l'on se forme en cercle, où, pour
communier sous les espèces palpables du pain, de l
chair et du vin, on s'assied sur le gazon.

Mangez, me dit mon hôte, et il tira d'un panier
du pain frais, un linge blanc, une pièce de bœuf
roti, du nougat de Provence, des fruits secs du pays
et d'excellent vin.

Je laisse à penser si, après cette course, avant le
soleil levé, chacun dut remplir honnêtement son devoir, et si les mâchoires durent mâcher à vide. Enfin,
l'appétit s'apaisa peu à peu, et les conversations
nonchalantes commencèrent. Un peu la tiédeur du
soleil, un peu la molle chaleur du vin, on s'accroupit
insouciamment. Les paroles ne furent plus qu'à demi
bégayées, et l'on s'étendit sur les divans de romarins,
comme des Orientaux sur des ottomanes.

Oh! que ce fut alors pour nous un moment d'ex-
tase et de douce rêverie; autour de nous, la vie et
le silence, la foule et le chaos, la multitude et le désert. Au-dessus de nous, des nuages blancs qui filaient
dans le ciel. Partout, partout, paix et bonheur.

Puis un mouvement se fit parmi la foule. Nous

suivîmes et nous descendîmes galement; nous parcourûmes les lieux que, de son vivant, la sainte avait
parcourus; nous visitâmes la grotte immense qui l'a-
vait abritée; nous fîmes une halte à la source d'eau
vive qui l'avait si souvent désaltérée; quelques touf-
fes de romarins arrachées aux sentiers de la colline,
furent l'un des trophées que nous rapportâmes de
notre expédition, et qui, à notre entrée à Solliès—le-
Pont, devait être un signe que nous arrivions du pèlerinage.

Comme la foule, nous effeuillâmes les capriers de
la route, nous détachâmes quelques fragments du roc
de la grotte, nous emplîmes un vase d'eau à la source
de la sainte.

Nous apprîmes, plus tard, que l'eau de Notre-
Dame-de-Solliès avait la vertu d'arrêter les dyssen-
teries, que les pierres prises dans la grotte de la
sainte calmaient les coliques, et que les feuilles des
câpriers de la route apaisaient les maux de dents.

7

CHAPITRE IX.

Arles.

Je quittai la fille de Phocée, pour me rendre à
Arles, la ville antique par excellence, où Rome a
laissé tant de souvenirs de sa gloire et de sa grandeur.
J'y arrivai au moment où le jour commence à paraître, et là, cédant à mon impatience, sans prendre le
temps de m'installer dans un hôtel, sans même re-
courir à un de ces guides verbeux qui toujours dé-
florent la surprise, je commençais sur-le-champ à
m'égarer au milieu des glorieuses traces et des nobles
débris que renferme la ville de Constantin. Une chose
tout d'abord me frappa profondément : c'est le silence
de mort qui règne aujourd'hui dans cette cité, jadis si
florissante, et qui fut la métropole des Gaules et la capitale de deux royaumes. Dans ses rues, plus de voya-

geurs, plus de curieux, pas un bruit de voiture, pas
un cri, pas un froissement de pied sur le pavé; mais
des débris et des ruines partout; c'est qu'Arles n'est
plus qu'un sépulcre, comme Herculanum, comme
Pompéi; c'est que l'ancienne ville romaine, cette noble cité gauloise, qui enivrait Constantin de ses parfums, a cessé d'être; c'est qu'avec elle ont disparu ses
amphithéâtres, *son cirque*, *son prétoire*, *ses thermes*,
son Forum, ses palais et tout ce qui en constituait
la splendeur. Voilà pourquoi l'on n'y trouve plus que
le silence et la solitude.

L'opinion la plus vulgaire donne à la ville d'Arles
une origine commune avec celle de Marseille, qui,
comme nous l'avons dit plus haut, fut fondée par
une colonie phocéenne. Mais des savants prétendent
que la première est plus ancienne et en attribuent la
fondation aux Gaulois; ils pensent également que
cette ville, habitée par les Segorgii (les Ségourgiens),
avait des rois ou chefs particuliers long-temps avant
que les Romains pénétrassent dans les Gaules.

Ce fut saint Trophime, l'un des 72 disciples de Jésus-Christ, envoyés dans les Gaules par saint Pierre,
qui convertit les habitants d'Arles au christianisme.
La religion de ces habitants était alors, un mélange
des croyances druidiques des Gaulois et du paganisme
des Romains. Ils immolaient à leurs Dieux, non-seu-
lement des animaux, mais encore des victimes humaines. On prétend que, le premier mai de chaque
année, ils sacrifiaient, à Diane, en expiation de leurs
crimes, trois enfants, qu'ils conduisaient sur un char,
couronnés de fleurs, à cet horrible sacrifice, et l'on
ajoute que c'est du nom du vaste autel où Diane recevait ses offrandes, appelé *Ara lata*, que la ville
d'Arles a pris le sien. On voit encore, au lieu de la

Roquette, hors des murs de cette ville, les débris d'une pyramide qu'on dit être les restes de ce funeste autel.

Il est une chose qui étonne lorsque l'on parcourt l'histoire des relations des Saliens et des Phocéens, surtout lorsque l'on considère les maux qu'a produit l'intolérance, depuis eux et chez des peuples que l'on est convenu de trouver plus civilisés, c'est que jamais ces peuples ne furent divisés par des intérêts de religion. Les Saliens pratiquaient librement le culte druidique à côté des prêtres de Diane et de Minerve, avec un admirable instinct de raison, ils avaient compris que, s'ils voulaient êtres libres ils devaient vouloir la même liberté pour leurs voisins. La tolérance est fille de la liberté, aussi la vaine dénomination de Grecs et de Romains ne les empêchait pas de voir des hommes dans les peuples qui composaient les colonies de Phocée; ils respectaient leurs croyances. Leurs druides, eux-mêmes si orgueilleux, tyranniques et sanguinaires et quoique rapportant tout à eux seuls, avaient pour principe que la divinité peut recevoir des hommages purs sous quelques noms qu'on l'adore et quelles que soient les cérémonies de cette adoration. Aussi ces prêtres gaulois ne devinrent persécuteurs et intolérants que, lorsque sous les empereurs Tibère et Claude, les prêtres de Rome voulurent les persécuter, alors ils crurent voir la statue de leur grand *Teut* renversée, ses autels brisés, leur empire sur les esprits détruits, et ils armèrent les peuples non pour convertir les prêtres de Rome, mais pour les contraindre à les laisser tels qu'ils étaient.

La ville d'Arles fut conquise par les Romains dans les premières années du VIIIe siècle de Rome. C'est

dans sont port que fut construite, en 705, la flotte
romaine qui fut employée au siége de Marseille.
Après ce siége, qu'il termina glorieusement, César
envoya à Arles Tiberius-Nero, en qualité de ques-
teur, à la tête d'une légion romaine, pour peupler la
ville d'Arles de soldats romains, avec ordre d'occuper
cette légion à bâtir le plus grand nombre d'édifices
publics. Ce fut à cette époque que furent construits
l'amphitéâtre, l'obélisque de granit, les Champs-
Elysées, et que cette ville fut ornée d'arcs de triomphe, de trophées, de colonnes, de statues, dont une
de Vénus, chef-d'œuvre de sculpture, fut envoyée
en 1684, au musée de Versailles.

Il est un monument historique dont l'authenticité
ne peut être révoquée en doute, qui servira mieux que
toutes les paroles à faire connaître quelle fut l'importance de la ville d'Arles. C'est l'édit d'Honorius
et de Théodose-Auguste, à Agricola préfet des Gaules. Le voici, *suivant la traduction de* M. *Guizot*, dans
son cours d'histoire moderne.

« Sur le très-salutaire exposé que nous a fait ta
» magnificence, entre autres informations évidem-
» ment avantageuses à la république, nous décrétons,
» pour qu'elles aient force de loi, à perpétuité, les
» dispositions suivantes, auxquelles devront obéir
» les habitants de nos sept provinces, et qui sont
» telles qu'eux-mêmes auraient pu les souhaiter et
» les demander, attendu que, pour des motifs d'uti-
» lité publique ou privée, non seulement de chacune
» des provinces, mais encore de chaque ville, se ren-
» daient fréquemment auprès de ta magnificence,
» les personnes en charge ou les députés spéciaux,
» soit pour rendre des comptes, soit pour traiter des

» choses relatives à l'intérêt des propriétaires, nous
» avons jugé que ce serait chose opportune et gran-
» dement profitable, qu'à dater de la présente an-
» née, il y eut, tous les ans, à une époque fixe, pour
» les habitants des sept provinces, une assemblée te-
» nue dans la métropole, c'est-à-dire dans la ville
» d'Arles.....

     » Et en ordonnant qu'il se tienne une assemblée tous
» les ans, dans la cité de Constantin, nous croyons
» faire une chose, non seulement avantageuse au
» bien public, mais encore propre à multiplier les
» relations sociales. En effet, la ville d'Arles est si
» avantageusement située, les étrangers y viennent
» en si grand nombre, elle jouit d'un commerce si
» étendu qu'on y voit arriver tout ce qui naît ou se
» fabrique ailleurs. Tout ce que le riche Orient, l'A-
» rabie parfumée, la délicate Assyrie, la fertile Afri-
» que, la belle Espagne et la Gaule courageuse, pro-
» duisent de renommée, abonde avec une telle profu-
» sion, que toutes les choses qu'on admire comme
» magnifiques dans les diverses parties du monde, y
» semblent des produits du sol. D'ailleurs, la réu-
» nion du Rhône à la mer de Toscane, rapproche
» et rend presque voisins les pays que le premier
» traverse, et que la seconde baigne dans ses sinuo-
» sités. Ainsi, lorsque la terre entière met au service
» de cette ville tout ce qu'elle a de plus estimé, lors-
» que les productions particulières de toutes les con-
» trées y sont transportées par terre et par mer, par
» le cours du fleuve, à l'aide des voiles, des rames et
» des charrois, comment notre Gaule ne verrait-elle
» pas un bienfait dans l'ordre que nous donnons, de
» convoquer une assemblée publique au sein de cette
» ville, où se trouvent réunies en quelque sorte, par

» un don de Dieu, toutes les jouissances de la vie et
» toutes les facilités du commerce, etc., etc. »

Donné le XV des Calendes de mai. Reçu à Arles,
le X des Calendes de juillet (418).

Le long séjour que fit Constantin-le-Grand dans la
ville d'Arles l'attacha long-temps à cette noble cité
gauloise. Il l'aimait de passion, la caressait avec
amour. Il l'adopta pour fille et lui donna son nom
harmonieux; c'est qu'à ses yeux elle « était si belle (1)
» alors, qu'assise dans son delta, elle baignait ses
» pieds de marbre dans le Rhône, et la mer, arrê-
» tant d'une main les barques de Lyon et de Vienne,
» de l'autre les vaisseaux d'Alexandrie et les trirènes
» d'Ostie et d'Anxur, ou bien encore lorsqu'elle s'é-
» panouissait à son soleil, mystérieuse, intéressante,
» solennelle comme une ville égyptienne. Arles, de-
» vant Constantin, c'était Alexandrie ou Memphis;
» Arles, avec sa nécropolis elyséenne, son désert pier-
» reux, ses mirages fantastiques, ses grandes herbes
» fauchées par les bœufs, ses obélisques sombres, ses
» chantiers de statues, ses places hérissées de colon-
» nes, et partout, sous les péristiles, au bord des
» puits, au seuil des temples, le long du fleuve, par-
» tout ses belles femmes indolentes et causeuses, coif-
» fées de bandelettes à plis comme des isis vivantes,
» des femmes déjà citées en ce temps comme les plus
» belles entre les Gauloises.

» Constantin s'enivrait des parfums de cette ville;
» il avait oublié Rome, cette Rome ennuyeuse de
» gloire: on avait trop parlé d'elle. Il fallait en finir
» avec son éternité, lui arracher son auréole capito-

(1) Ces lignes sont extraites de quelques belles pages écrites
par Mery, dans la revue de Paris, sur la ville de Constantin.

» line, usée jusqu'au dernier rayon, et la remettre
» en fonte pour l'attacher à quelqu'autre tête de cité
» vierge. Constantin hésita long-temps entre Bysance
» et Arles, où il avait vécu heureux avec sa femme
» Fausta, qui y donna le jour à son fils aîné qui porta
» son nom. Stam-boul-la-Turque finit par l'emporter
» sur la cité gauloise, et Constantinople fut fondée
» sur les rivages fleuris du Bosphore.

Mais tous les palais, tous les monuments somptueux
dont Constantin avait enrichi Arles restèrent comme
pour attester, tout à la fois, et son amour et son in-
fidélité.

En 391 ou 392 de Jésus-Christ, Arles devint métropole et capitale du corps des cinq provinces par la
translation, qu'y fit l'empereur Valentinien II, du siége
du préfet, du prétoire des Gaules, qui avait été jusqu'alors à Trèves. C'est à cause de son titre de métropole et non de la fertilité de son sol, que la ville
d'Arles est qualifiée, dans des diplômes de Valentinien
et d'Honorius, de *Mère de toutes les Gaules.*

En 511, Arles tomba sous la domination des Francs.
Ce fut l'époque de sa décadence hâtée par les désas-
tres de plusieurs invasions. En 613, elle fut, ainsi
que toutes les autres parties de la Provence, réunie
à la monarchie française, par Clotaire II.

Au commencement du xiiie siècle, Arles, avec le
secours du comte Raymond Berenger IV, parvint à se
soustraire à l'immédiateté de l'empire, et malgré les
efforts de Raymond VII, qui en fit le siége pendant
toute l'année 1240, elle se constitua en république,
établit un gouvernement consulaire et se maintint
dans son indépendance, malgré les menaces d'Alphonse, comte de Poitiers, gendre et successeur de
Raymond VII. En 1240, Arles fut obligé de recon-

naitre l'autorité de Charles Ier, comte d'Anjou, et
depuis cette époque, Arles a suivi la destinée du
reste de la Provence.

Il s'est tenu à Arles plusieurs conciles. Le plus célèbre de tous est celui qui s'assembla le 1er août 1384,
par l'ordre de Constantin-le-Grand. Avant la conver-
sion de ce prince, la grande question du temporel et
du spirituel n'avait donné lieu à aucune controverse;
presque inaperçue d'abord dans l'état, l'église nommait les pasteurs, assemblait les fidèles, administrait,
prêchait, décidait, corrigeait, elle faisait tout cela
sans que l'état intervint, c'est-à-dire sans dépendance comme sans autorité temporelle (1). Aussi, en
peu de temps, les chrétiens formèrent, au milieu de
l'empire romain, une sorte de république distincte
qui se gouvernait par ses propres lois et par ses magistrats, possédait un trésor public, fruit de dons
volontaires, et dont les parties étaient étroitement
liées entr'elles par des assemblées fréquentes et par
l'obéissance explicite avec laquelle chaque congréga-
tion recevait les décrets des assemblées des évêques ou
surveillants. Ainsi, comme l'observe Fénélon, l'autorité de l'église était alors purement spirituelle, et
nullement coactive; ses moyens étaient uniquement
ceux de la persuasion; au reste, elle ne disposait
d'aucun autre. Mais à dater de Constantin, la sépa-
ration qui, jusque-là, avait été parfaitement tracée
entre la foi religieuse et la loi politique disparut, et
alors prirent naissance ces difficultés, et cette controverse qui, s'il faut en croire ce qui se passe de nos
jours, et certaines prétentions que l'on ne craint pas

(1) Histoire de Fénélon, tome IV. Guizot, cours d'histoire moderne 1829.

d'afficher hautement, n'ont point encore reçu une
solution irrévocable et définitive.

Alors l'empereur accorde une protection déclarée
à l'église qui, bientôt, se traduit en persécution
contre l'ancien culte. Le prosélytisme s'associe, pour
la première fois, au pouvoir souverain, et deux prin-
cipes absolus siégent en même temps sur le trône,
avec le néophyte orthodoxe et l'empereur Victorieux.
Alors les disputes ecclésiastiques, les querelles schis-
matiques, les questions d'hérésies deviennent des affaires d'état dans lesquelles intervient directement
l'empereur, ou plutôt le converti, et qu'il soumet à
la juridiction de conciles dont il provoque lui-même
la réunion; de là celui de 384 auquel assistèrent six
cents évêques et des députés de toutes les provinces
d'Occident. L'empereur se chargeait de l'exécution
des jugements spirituels de l'église. C'est ainsi que
Constantin bannit Arius, qui avait été déclaré héré-
tique par le concile de Nicée (1).

Le premier monument qui vint fixer mon admiration, fut celui des arènes. A l'aspect de cette masse
imposante, la vue, non moins que l'imagination,
demeurent saisis d'étonnement et de respect. Il semble, en vérité, qu'à l'époque à laquelle remonte sa
construction, l'architecture, vraiment romaine, avait
alors pris la taille et les proportions de l'histoire de
Rome. Cela s'explique au fur et à mesure, en effet,
que les destinées de Rome se lièrent à celles du
monde, son architecture dut suivre la même pro-
gression; quand César voulut donner des jeux à l'u-
nivers dans la personne de ces vaincus faits citoyens
romains, qu'il avait ramenés avec lui de toutes les

(1) Abbé de Racine, tom Iᵉʳ, p. 418.

parties du globe, il fallait bien, pour que tous ces
échantillons du monde fussent assis et clos, que les
amphithéâtres prissent les proportions des villes.

Quand Titus fit égorger neuf mille bêtes dans le
cirque, et Trajan onze mille; quand Probus fit courir mille autruches dans une forêt peuplée d'animaux
de tous les pays; quand ces empereurs firent battre
des vaisseaux contre des vaisseaux, des crocodiles
contre des crocodiles, des serpents géants contre des
serpents géants, il fallait bien que l'amphithéâtre eût
l'étendue d'un lac ou d'une forêt pour que ces êtres
vivants y pussent mourir, non d'étouffement, mais
avec tous les honneurs du combat. C'étaient là sans
doute d'immenses difficultés; mais elles étaient facilement *résolues*. *Les architectes étaient des empereurs*, et les maçons des armées. L'œuvre se ressen-
tait de l'ouvrier.

L'amphithéâtre d'Arles, qui est aujourd'hui entièrement déblayé, et montre ses nobles débris dans
toute leur grandeur, est de forme circulaire; il se
composait d'un rez-de-chaussée, d'un premier étage
et d'un attique qui en faisait le couronnement.
Soixante et dix portiques communiquaient du rez-de-
chaussée dans l'intérieur des arènes. Un même nombre décorait le premier étage. L'attique s'élevait au-
dessus. Tout autour étaient, au nombre de cent vingt,
des consoles ou saillies de pierres percées de trous
circulaires où étaient enfoncées des poutres propres
à soutenir le *velarium*, rideau immense qu'on tendait
sur l'arène du côté où venait le soleil. Un petit escalier, creusé dans l'épaisseur du mur, au-dessus de la
porte du nord, était réservé aux esclaves commis à
ce service. Quarante gradins, qui servaient à la fois
de siéges et de marchepieds, montaient circulaire-

ment du *podium* jusqu'à l'attique. Ces gradins étaient divisés en précinctions *(precinctiones)* figurant les rangs de loges de nos théâtres, et ayant chacune leurs issues ou vomitoires et leurs galeries, sous lesquelles les spectateurs venaient s'abriter contre l'orage. La première précinction était réservée aux principaux personnages de la colonie; la seconde à l'ordre des chevaliers; on y arrivait par cinquante vomitoires; la troisième précinction était la place du peuple (*populus*). Enfin la populace (*plebs*), les esclaves, les pauvres, tous les prolétaires vêtus de couleur brune, ceux qui ne demandaient aux empereurs que les jeux du cirque et du pain (*panem et circensis*), s'entassaient dans la dernière précinction. Outre la grandeur, qui est un des traits principaux de l'architecture romaine, une chose est remarquable dans ce majestueux monument, c'est la commodité, cette espèce de commodité que les Anglais appellent le confortable. Ainsi, pour éviter les courants d'air, l'architecte avait eu le soin de ne point placer les vomitoires ou portes de sorties en face des portiques ou portes d'entrées. Des escaliers, dont le nombre était proportionné à celui des vomitoires, permettaient la précipitation sans amener l'encombrement, outre que par une admirable précaution, ces escaliers s'élargissaient au fur et à mesure qu'ils descendaient des précinctions *pour éviter toute cohue entre les arrivants et les sortants*. En Europe, il ne se passe guère d'année sans que l'on entende parler de quelque théâtre incendié qui s'est abîmé sur les spectateurs. Les accidents de ce genre se reproduisent assez fréquemment, surtout en Angleterre, où l'on fait des théâtres de pâte et de carton bouilli, et où l'on souffle les édifices plutôt qu'on ne les bâtit. Ceux qui ne périssent pas dans la salle

périssent aux portes, de sorte qu'il y a presque autant de péril à rester qu'à sortir; car si l'on reste, on
est brûlé, et si l'on sort on est écrasé. Dans les amphithéâtres romains, je sais qu'on n'avait pas à craindre les incendies par l'huile ou par le gaz, ni les
chûtes par défaut de solidité des bois; mais il n'était
pas rare que les spectateurs eussent à se garantir des
intempéries de l'air, d'un orage qui éclatait tout-à-
coup sur l'amphithéâtre, d'une brise froide qui glis-
sait le long des gradins et faisait grelotter, sous sa tu-
nique courte, le peuple roi, et sous leurs vêtements
de pourpre, les nobles spectateurs des gradins privi-
légiés. Dans ce cas, le spectacle était suspendu; quarante mille spectateurs se levaient spontanément,
rentraient dans les galeries par d'innombrables vomitoires, et s'y mettaient à l'abri de l'orage. Tout le
bruit avait passé de l'enceinte dans les galeries. L'o-
rage ne trouvait pas à mouiller une seule tête de ces
quarante mille têtes, et dans ce monument qui paraissait vide s'agitait tout un monde. L'eau tombait
avec force sur des gradins unis et disposés en pente
légère, et s'écoulait par d'innombrables rigoles dans
les aqueducs souterrains. Quelques minutes de soleil
et de brise tiède séchaient ces gradins; le sable de
l'arène buvait la pluie, et ces quarante mille spectateurs, qui grondaient tout à l'heure dans cette immense fourmillière, reparaissaient tous à la fois et
sans confusion par tous les vomitoires. Venaient
d'abord toutes les têtes, puis tous les corps, et les
gradins, garnis de nouveau, battaient des mains à la
rentrée des acteurs, hommes ou bêtes. »

Le peuple était toujours libre de se retirer dans les
galeries, excepté lorsque l'empereur en ordonnait
autrement. Alors il fallait recevoir la pluie et encore

battre des mains. Le seul préservatif était d'emporter
un vêtement de dessus, que l'on quittait après l'o-
rage, excepté encore quand il plaisait à l'empereur
de le défendre. Une des jouissances de Domitien était
de faire grelotter le peuple et les courtisans sous la
pluie, pendant qu'il la bravait sous son manteau de
guerre.

Ajoutez à toutes ces merveilleuses facilités de loco-
motion une ventilation admirablement distribuée,
douce, rafraîchissante, beaucoup d'air et point de
vents coulis. On ne gagnait de rhumes à l'amphithéâtre que par ordre. Mais ce n'était ni la faute de
l'architecte ni celle de l'art romain. L'architecte et
l'art avaient tout prévu, excepté les caprices de
l'empereur.

Ce beau monument, si remarquable par son im-
mensité et la rare solidité de ses larges assises, a été
considérablement dégradé par le temps. L'attique,
l'entablement et une grande partie de l'intérieur des
gradins ont disparus de telle sorte, qu'il faut absolu-
ment l'œil de l'artiste ou l'imagination du voyageur
pour comprendre que quarante mille spectateurs se
sont assis là, et y ont battu des mains au gladiateur
tombant avec grâce sous le poignard de son compa-
gnon d'esclavage ou sous la dent d'un tigre.

Quand mes yeux furent rassasiés de l'aspect sublime de cette merveille du génie romain, je conti-
nuai ma course à travers la ville de Constantin;
mais bientôt je fus arrêté par une espèce de cloison
en bois qui, ayant été ouverte, me laissa voir un
monument du moyen-âge, véritable merveille chrétienne qui vous éblouit et vous cloue immobile sur
le seuil; c'est le cloître de saint Trophime.

On ignore qui a bâti ce cloître; mais ce que l'on

sait, c'est qu'il fut dédié à saint Trophime, le premier évêque d'Arles. Sa construction remonte au xiie siècle. Toutefois, deux de ses côtés, ceux du midi et du couchant, ont une date de beaucoup postérieure. Ce fut l'archevêque François de Couzie qui les fit bâtir en 1389. Aussi ne présentent-ils pas les mêmes caractères architectoniques que le reste du monument. C'est ici le gothique fleuri; l'ogive a remplacé le cintre. *Les colonnes, plus effilées, s'é*lancent davantage, et les châpiteaux, ornés quelquefois de pampre d'une délicatesse infinie, sont presque toujours chargés de reliefs très-curieux, et dont l'étude est vraiment intéressante. On y trouve, en effet, retracés avec une vérité d'idée et de style admirable, tous les faits importants, tous les personnages de l'ancien et nouveau Testament, accompagnés chacun de tous les attributs qui les caractérisent. Ainsi, c'est d'abord *l'Annonciation, la Visitation, la Nativité de Jésus-Christ, les Anges,* qui annoncent *aux pasteurs la naissance de l'enfant-Dieu,* puis l'arrivée des *mages et leur adoration, la Fuite en Egypte, le Massacre des innocents, Rachel pleurant ses enfants, et l'Entrée de Jésus-Christ dans Jérusalem.* On y remarque encore la *Résurrection de Lazare,* le *Sacrifice d'Abraham,* et *Moïse* recevant les tables de la loi.

Dans les *entrecolonnements* et les grands panneaux, sont placées des statues de saints, des figures d'apôtres et d'évêques fort remarquables sous le rapport de l'exécution; mais plusieurs ont cruellement souffert des atteintes des jeunes Arléziens, barbares de dix ou douze ans, qui viennent jouer avec elles à toute heure du jour. C'est là pour eux un privilége acquis; mais à l'exercice duquel on devrait bien mettre une barrière, car pour peu que ces invasions de

l'école primaire continuent, il ne restera bientôt
plus un seul point saillant sur tant de vénérables et
saintes figures livrées à la mutilation.

Le cloître Saint-Trophime devrait être cloîtré. J'en
parcourus les galeries avec le plus vif intérêt, et au
milieu d'une atmosphère de moyen-âge qui me fit un
instant oublier, pour les ogives, les frises romaines
et tout ce grandiose d'architecture que je venais d'admirer. Les pilastres, placées aux angles de l'édifice,
fixèrent surtout mon attention. J'aimais à me rendre
compte des sujets divers et très-composés qu'ils repré-
sentent ; et ce ne fut pas sans rendre hommage au talent
de l'artiste que j'y découvris sans effort la *Résurrection
du Christ*, la *Cène*, le *Lavement des pieds*, le *Baiser de
Judas*, *Jésus tenté dans le désert*, les *Trois Maries* et la
Lapidation de saint Etienne, le tout d'une exécution si
parfaite, que l'on trouve à chacun des personnages
une physionomie particulière et un caractère qui ne
ressemble jamais à celui que l'on vient de voir.

Comment se fait-il que tant de beautés inspirent
tant d'indifférence ?

Et cependant voyez ce qui se passe : une pierre
antique est-elle trouvée dans une fouille, aussitôt on
la grave au burin ; on envoie son portrait à l'Insti-
tut ; les savants écrivent des notices sur elle ; on l'ex-
pose sous verre dans un musée avec une sentinelle à
la porte ; et un monument, qui a le mérite d'être
complet, mais qui a le tort de n'avoir jamais été en-
foui, on l'abandonne impitoyablement, sans l'entou-
rer même des plus simples moyens de conservation ;
il faut l'avouer, il est de singulières destinées pour
les choses de l'art.

En quittant le cloître de Saint-Trophime, mon attention se porta sur l'obélisque de la *Place royale*.

8

C'est une aiguille granitique de quinze mètres de
haut, et qui avait été découverte, dans le xIVᵉ siècle,
sur l'emplacement même du cirque romain. Le terrain dans lequel il fut trouvé porte encore le nom de
Jardin-de-la-Pyramide. Renversé de sa base et brisé
par le choc de sa chûte, à l'époque où tant d'autres
édifices romains succombèrent sous les coups des barbares, il resta perdu jusqu'en 1629. Sa découverte, à
cette époque, inspira peu d'intérêt ; aussi le laissa-
t-on gisant et mutilé à la place même où il venait
d'être retrouvé.

Ce n'est que sous le règne de Charles IX qu'il fut
débarrassé de tous les immondices qui le souillaient.
En 1676, on l'éleva sur sa base actuelle, et il fut dédié à Louis XIV, alors régnant ; diverses inscriptions
furent gravées sur les quatre faces du stylobate ; mais
la révolution les fit disparaître. Il n'en reste aujour-
d'hui aucune trace.

Je me rendis ensuite à l'église Ste-Anne, que l'on a
transformé en musée. C'est là que depuis trente ans
l'on réunit toutes les reliques exhumées, tout ce que
les fouilles découvrent de débris grecs et romains.

Je n'essaierai point de décrire tous les restes histo-
riques, si éloquents d'eux-mêmes, toutes les merveilles que renferme ce noble sanctuaire. Il y aurait
plus que de la témérité, à moi qui ne suis ni artiste,
ni savant, à entreprendre une pareille tâche. Ce serait une véritable profanation. Je dirai toutefois que
ces cippes, ces statues de danseuses, ces silènes, ces
têtes d'empereurs, ces tombeaux, ces couronnes de
chênes qui, tour à tour, et pendant plusieurs heures,
vinrent fixer et mes regards et mon admiration, me
parurent sculptées avec une pureté qui rappelle les

plus beaux jours de la virilité de l'art. Mais deux choses admirables fixèrent surtout mon attention. C'est d'abord un buste colossal de femme trouvé dans une fouille du théâtre romain. On dit qu'il n'y a rien d'aussi beau au Louvre, rien au Vatican. La chevelure est exquise de minutieux travail, l'expression du visage est ravissante. On ajoute qu'un savant antiquaire anglais la trouva si belle qu'il en offrit 35,000 fr.

C'est ensuite un brillant sarcophage romain où l'on trouve étalés les emblèmes des beaux-arts, sur lequel des instruments de musique sont gravés avec un fini précieux. En s'approchant de ce reste de l'antique splendeur d'Arles, on y lit le nom d'une jeune femme qui fut ravie à l'amour d'un époux à l'âge de vingt ans et huit mois. Elle s'appelait Tyrannia. Sa courte oraison funèbre, tracée sur la pierre, révélait l'innocence de son âme, la beauté de son visage et la pureté de ses goûts; son esprit était orné. Peut-être, à l'approche d'une union sitôt brisée, se préparait-elle aux émotions de l'amour par des élégies gracieuses de quelque poète romain. Ces instruments de musique, dont sa tombe fut décorée, annonçaient sans doute que, sous le ciel resplendissant de la Provence, elle mariait sa voix aux accords d'une ravissante mélodie. Les regrets de sa famille sont ainsi exprimés :

Juliæ Luc. filiæ Tyranniæ,
Vixit annos XX m. VIII,
Quæ moribus pariter et
Disciplina, cœteris feminis
Exemplo, fuit Autarcius
Norvi, Laurentius uxori.

Je ne dirai rien du théâtre romain. Ce théâtre, tel qu'il est aujourd'hui, privé de ses colonnes, dé—

pouillé de ses marbres, de ses statues, ruiné dans ses parties les plus essentielles, et recouvert de terre sur les trois quarts de sa vaste enceinte, n'est plus qu'un monument sur lequel il faut venir pleurer. Il lui reste si peu de ses formes anciennes, que quelques efforts que fît l'esprit, il ne saurait suppléer à ce qui manque.

CHAPITRE X.

Tarascon.

Adieu noble cité d'Arles. Oh! je quitte à regret tes fortunés rivages où le soleil darde ses rayons les plus purs et illumine celle qui, malgré les vicissitudes qu'elle a subies, est encore si digne d'intérêt, et montre au voyageur surpris les admirables débris de ses riches parures. Je te quitte, ô cité arlésienne; mais le souvenir de mon voyage dans tes murs restera long-temps dans mon esprit, mêlé à celui de ton antique gloire, et des nombreux monuments que les anciens maîtres ont jadis répandus sur tes bords. C'est ainsi que ma voix saluait avec amour l'antique enceinte où je venais de m'arrêter. A elle je songeais encore quand déjà elle avait entièrement disparu à mes yeux. Monté dans une sorte de char-à-banc,

attelé de deux mulets à la démarche lente, je chemi-
nais sur la route qui mène d'Arles à Tarascon. La
distance qui sépare ces deux villes n'est que de trois
lieues, et pourtant notre maigre attelage ne mit pas
moins de cinq heures à la franchir. Nous arrivons
enfin, et Tarascon nous a reçu dans ses murs.
Salut, noble terre de Provence, sol parfumé de
poétiques souvenirs, patrie des troubadours et des
joyeux ménestrels. Je suis heureux de te revoir encore une fois, et de contempler d'un œil ravi tes
campagnes aimées du ciel. O noble terre de Provence,
reçois de nouveau l'hommage d'un jeune voyageur
qui, pour la première fois, amené sous ton soleil
brûlant, foule ton sol inspirateur, et daigne encore
sourire à ses efforts, quand sa faible voix essaiera de
décrire quelques-unes de tes merveilles.

Deux choses attirent à Tarascon l'attention du
voyageur. D'abord, un vaste castel, ancien manoir
des comtes de Provence, et que les habitants du pays
nomment le *château* du roi *Réné*. Puis l'église de Ste-
Marthe, patronne de la ville.

C'est vers le château que se dirigèrent d'abord mes
pas. Ce monument n'a rien de remarquable, ni sous
le rapport de son antiquité, ni sous le rapport artis-
tique. L'on n'y trouve rien non plus de ce que l'on
rêve après la lecture d'un roman de chevalerie. C'est
tout simplement un grand bâtiment carré construit à pic sur le Rhône. Les quatre angles sont for-
tifiés chacun d'une énorme tour surmontée d'une
plateforme du haut de laquelle l'œil découvre un
magnifique horizon.

Ce château fut élevé, dit-on, dans le treizième
siècle, sur les ruines d'un temple de Jupiter, et, durant le cours du quinzième, il devint l'une des de-

meures de ces comtes de Provence, sous le règne desquels on vit fleurir d'un si brillant éclat, dans ces douces contrées, les belles-lettres et les arts. Ce fut Bérenger IV qui, après avoir réuni sous sa puissance le comté d'Arles et celui de Forcalquier, ouvrit pour la Provence cette ère nouvelle, cet âge d'or de la poésie et des gracieux troubadours. Les successeurs de ce prince continuèrent à favoriser cet âge fortuné; mais ce fut surtout au temps du roi Réné que l'on vit en quelque sorte se réaliser sur ces bords les merveilles des règnes de Saturne et de Rhée, dont la fable nous a transmis de si poétiques souvenirs. De là l'intérêt puissant qu'inspire le château de Tarascon; de là les nombreuses visites dont il est *l'objet, et qui sont autant d'hommages* rendus à la mémoire de ce monarque digne d'être comparé à Louis XII et à Henri IV, et qui apparaît dans l'histoire avec le surnom de *Bon,* que lui décernèrent d'un commun accord ses concitoyens ravis de sa bonté et de sa bienfaisance.

Sous son règne, en effet, l'heureuse terre de Provence jouit d'un bonheur comparable à celui de l'âge d'or. C'est en faisant le bien que ce sage, ce vrai philosophe, oubliant les adversités sans nombre dont sa vie orageuse avait été traversée, se consolait des maux que l'envie ou l'injustice lui avaient fait éprouver. Lui aussi il eût voulu, ce bon prince, que chacun de ses sujets, au milieu desquels il vivait comme un simple particulier, eût pu mettre la *poule au pot.* Ses goûts et ses habitudes étaient des plus simples. On dit qu'une de ses plus douces jouissances était de se promener en hiver, et de se chauffer au soleil aux endroits qui, depuis, ont conservé le nom de Cheminées du roi Réné, et à deviser avec les plus mo-

dèstes artisans qu'il comblait de ses bienfaits. Aussi,
tous les Provençaux le chérissaient comme un père
et l'aimaient comme un Dieu. Voyez comme le naïf
Nostradamus représentait sa maison :

« Elle était le temple de Dieu, l'œil de la pru-
» dence, la balance de la justice, le siége de magna-
» nimité, la règle de tempérance, l'exemple d'hon-
» nêteté, la splendeur de miséricorde, la fontaine de
» grâces, la source de la libéralité, le chœur des
» muses, l'école des orateurs, le concours des poètes,
» l'académie des philosophes, la retraite des théolo-
» giens, le sénat des sages, l'assemblée des nobles,
» les fomentations des beaux esprits, le foyer des
» hommes doctes, la table des pauvres, l'espérance
» des bons, le refuge des innocents, la défense des
» misérables, la commune lumière et la retraite gé-
» nérale de tous. »

C'est sous l'empire de toutes ces pensées que je vi-
sitai l'antique demeure du bon Réné. C'est pénétré
de ce respect solennel que réveillent toujours dans
ces contrées ses vertus et les bienfaits sans nombre
qu'il sut y répandre, que j'en parcourus les nombreux
détails dont on n'apprécie bien l'intérêt que sous le
charme magique des souvenirs que je viens de rappeler.

Mais déjà le soleil s'effaçait à l'horizon, et sa lumière incertaine ne dardait plus que faiblement sur
les tours couvertes de mousse du vieux manoir. Les
alentours étaient silencieux et solitaires. Lorsque
appuyé sur la rampe mystérieuse de l'une des croi-
sées, j'écoutais encore le bruit des eaux du Rhône
qui venaient battre à mes pieds en poussant de longs
gémissements. Chacun a son fantôme ici-bas, chacun
aussi éprouve, à la vue de certaine œuvre de Dieu,

un sentiment irrésistible qui le fait tressaillir. Ainsi,
si le ciel de la belle Provence poétise la pensée, si les
verts citronniers et ses hauts sycomores élèvent
l'âme, l'aspect d'un grand fleuve, le bruit d'une cascade, l'eau qui coule calme et limpide de la pente
d'un rocher, m'ont toujours fait éprouver au cerveau
un indicible vertige qui s'empare bientôt de mon
âme et y laisse le rêve et la contemplation ; telle était
la situation d'esprit dans laquelle se berçait ma pensée, lorsque averti par mon guide que les portes allaient se refermer, j'adressai à l'antique castel un
dernier adieu et un dernier hommage à la mémoire
du bon roi qui l'habita, et y a laissé de si doux et si
honorables souvenirs!

L'église de Ste-Marthe est tout près du château
que je venais de quitter. J'y entrai ; ce bel édifice,
construit dans le moyen-âge, est l'objet d'une vénération singulière de la part des habitants de Tarascon. Suivant une vieille tradition, généralement
adoptée dans ces contrées, Ste-Marthe et sa sœur
Marie, hôtesses du seigneur, suivies de leur frère Lazare, s'embarquèrent sur la mer quelques années
après la mort de Jésus-Christ, et, poussées par un
vent favorable, elles abordèrent sur les côtes de la
Provence. Or, on dit que, tandis que Marie-Made-
leine se rendait dans le désert de la Ste-Beaume, et
que Lazare faisait voile vers Marseille, dont il devait
être le premier évêque, Marthe fixa son séjour près
des lieux que nous visitons en ce moment. Un monstre horrible, connu sous le nom de *Tarasque*, déso-
lait alors une partie de ces contrées. Ste-Marthe,
par le secours de ses prières et de sa piété, parvint à
les en délivrer. Il périt, et les habitants de ces bords,
reconnaissants d'un aussi grand bienfait, ont voulu

en perpétuer le souvenir. La ville voisine des lieux
où le monstre marin exerçait ses ravages s'est nommé
Tarascon, et un simulacre de cet animal affreux,
grossièrement façonné en bois ou en carton, est encore, dans cette ville, l'objet d'une vénération religieuse (1)·

Plusieurs fois, pendant l'année, aux jours de
grande fête, la Tarasque sort avec grande pompe de
l'espèce de sanctuaire qui la tient enfermée, et des
cris de joie, de bruyantes acclamations saluent partout son passage.

L'histoire de Ste-Marthe est tout entière retracée
dans de magnifiques tableaux qui décorent l'intérieur
de l'église et de la chapelle souterraine, où, dans un
riche tombeau, sont conservées, dit-on, les reliques
précieuses de l'auguste patronne de Tarascon. On
voit aussi dans cette chapelle vénérée, à droite en
descendant l'escalier, le tombeau de Jean de Cossa,
seigneur napolitain, qui, après la défaite du roi
Réné, en 1442, par Alphonse d'Aragon, resta fidèle
à ce prince et le suivit jusqu'en Provence, où il mourut le 3 octobre 1476.

Ce ne fut pas sans émotion que je parcourus ce
pieux sanctuaire qu'éclairait à peine en ce moment
la faible lueur d'une lampe, et dans lequel de nombreux fidèles priaient avec recueillement. Je le quittai bientôt, et en traversant de nouveau l'église, la
vue d'une jeune Tarasconnaise, au maintien plein de
modestie, à la physionomie si douce et si suave,
qu'on l'eût prise volontiers pour un ange tombé du ciel
avec la rosée du matin, vint ajouter encore à l'émotion dont j'étais déjà pénétré. Dévotement agenouillée

(1) Voir François Nouguier, histoire de l'église d'Avignon.

comme Laure de Noves, lorsque Pétrarque la vit
pour la première fois dans la chapelle de Ste-Claire,
les mains jointes, ses beaux yeux noirs levés vers le
ciel, elle priait... *Que demandait-elle dans ses
pieuses dévotions*, elle dont le front était si calme et
si pur? Je l'ignore. Mais combien était délicieux le
charme que j'éprouvais à la contempler. Il ne fut pas
toutefois de longue durée, car elle se leva bientôt, et
après s'être un instant recueillie, elle disparut au
milieu des ombres de la nuit, qui déjà commençaient
à envahir les bas côtés de la belle et imposante basilique.

CHAPITRE XI.

Nîmes.

Le jour suivant le soleil avait à peine commencé
sa carrière, que déjà je parcourais le magnifique pont
qui joint Tarascon à Beaucaire, et sépare ainsi le
Languedoc de la Provence. Ce pont suspendu qui
remplace l'ancien pont de bateau, est un ouvrage immense qui n'a point de rival en France. Il se compose
de quatre arches dont chacune a cent trente mètres
de longueur, ce qui lui donne une longueur totale
de plus de seize cents pieds ; sur chacune des piles on
voit s'élever des arcs de suspension, véritables arcs de
triomphe, sous lesquels passe tour à tour le voyageur
qui regagne l'une des deux rives. C'est alors qu'il voit
rouler à ses pieds, les flots rapides et tumultueux du
Rhône nouvellement grossi par ceux de la Durance,

et soit que sa vue, découvrant à la fois deux des plus belles contrées de la France, se tourne vers le Languedoc ou vers la Provence, il aperçoit sur les deux bords du fleuve, les paysages les plus riants et les sites les plus pittoresques. Je payais à ce beau travail, qui atteste à un si haut degré les progrès qu'a fait le génie dans nos temps modernes, le juste tribut d'admiration qui lui est dû; puis, après avoir dit un dernier adieu à la noble terre de Provence, je pris la route de Nîmes que, porté par les ailes de la vapeur, nous parcourûmes avec la rapidité de l'éclair. Une heure nous suffit pour arriver aux portes de Nîmes, de la ville aux vieux souvenirs, et qui, à cause de sa position entre sept collines, fut surnommée la *Rome gauloise*.

L'origine de cette ville est douteuse, quelques historiens en attribuent la fondation aux Ibères; les autres, à une colonie de Phocéens, détachée de celle qui s'établit à Marseille, environ 120 ans avant l'ère chrétienne. Cette cité fut soumise à la domination romaine; l'empereur Auguste s'étant arrêté dans son sein au retour d'une expédition contre les Cantabres, l'aima (1) à cause de sa position semblable à celle de la ville éternelle, et se plut à lui donner des marques de son affection, et, grâce à sa magnificence, la Rome gauloise ne tarda pas à devenir glorieuse et florissante.

Elle se vit entourée de nouveaux murs défendus par des tours dont la plus haute, qui s'élevait sur le point culminant de la ville, se nomme encore la *Tour Magne;* de superbes monuments décorèrent son enceinte. A l'exemple d'Auguste, plusieurs empereurs ornèrent, de nouveaux édifices, cette belle colonie

(2) Voyez histoire de Nîmes, par Mesnard.

romaine qui n'avait cessé de demeurer fidèle à ces
maîtres du monde. Adrien y fit bâtir, en l'honneur
de l'impératrice Plotine (1), une basilique de superbe
structure, dont il ne reste plus désormais de traces
que dans les souvenirs laissés par Spartien. Le même
empereur, après la mort de cette vertueuse princesse,
voulut que la ville de Nîmes eût dans son sein un
monument consacré à la mémoire de son illustre bien-
faitrice, et il fit construire ce magnifique temple si
bien conservé encore, et connu sous le nom de Maison-Carrée. Mais l'édifice le plus vaste et le plus gigantesque qui vint embellir cette heureuse cité, ce
fut ce magnifique amphithéâtre qui excite encore aujourd'hui, à un si haut degré, l'admiration de tous
ceux qui le visitent.

C'est vers ce monument que je dirigeais d'abord
mes pas. L'époque précise à laquelle il remonte, est
un point d'archéologie fort controversé. Les uns veulent qu'Antonin l'ait fait construire; les autres, s'appuyant sur des débris d'inscriptions, lui donnent
pour fondateur, un des membres de la famille Fla-
vienne, soit Vespasien, soit Titus, soit même Domitien. Entre les deux époques présumées, la différence
n'est que de 60 ans, ce qui est peu de chose dans
l'âge d'un monument qui compte 18 siècles d'existence; construit par les Romains pour des jeux, des
combats de gladiateurs ou d'animaux, cet amphithéâtre fut pour la première fois converti en citadelle
par les Visigoths qui en flanquèrent la porte orien-
tale de deux tours appelées tours des Visigoths; lesquelles étaient encore debout en 1809.

(1) Mesnard, histoire de Nîmes. — Voir aussi histoire générale
du Languedoc.

En l'an 737, Charles Martel y assiégea les Sarrasins et y mit le feu. Après l'expulsion des barbares,
ce monument continua à être un château-fort, la
garde en était confiée à des chevaliers qui y avaient
leurs logements, et étaient liés entre eux par le serment de défendre cette porte jusqu'à la mort (1).
Vaincue par la commune, cette caste abandonna d'a-
bord ses anciens privilèges, puis, peu à peu les maisons qu'elle occupait dans l'enceinte des arènes, et
qui furent désormais habitées par le petit peuple;
en 1809, une population de deux milles âmes était
encore installée dans l'amphithéâtre, qui fut déblayé
de ses hôtes et de leurs cabanes, par les soins du préfet qui administrait alors le département.

L'amphithéâtre Nîmois a la même forme que l'amphithéâtre d'Arles, seulement il y a quelque chose
de plus élégant et de moins rude dans son architecture; il est beaucoup mieux conservé, mais beaucoup moins vaste; sa distribution est la même, de
sorte, que la description que nous avons donné plus
haut du monument d'Arles, peut très-bien s'appli-
quer à ce monument. Ici, comme là, on retrouve ce
cachet de grandeur que Rome savait imprimer à tous
les édifices qui étaient l'œuvre de ses légions.

Comme à Arles, à l'aspect de ce majestueux édifice je fus saisi d'étonnement et de respect. C'était par
un temps d'orage que j'étais venu pour y contempler
encore une fois tout le génie romain écrit sur ces
énormes pierres en caractères ineffaçables. A travers
les arcades j'apercevais quelques éclairs sillonnant
la nue, et le bruit du tonnerre mugissant sourde-
ment dans les airs, venait souvent frapper mes oreil-

(1) Voir histoire générale du Languedoc, tom. II, page 353.

les. Non jamais je n'oublierai les heures imposantes
et solennelles de cette matinée de mai passée dans
l'enceinte de l'amphithéâtre de Nîmes. Assis sur les
gradins, je me transportai, par la pensée, à ces temps
reculés où la population romaine de Nîmes, dont le
christianisme n'avait pas encore adouci les mœurs,
assistaient avec délices aux jeux sanglants de l'arène,
et battaient des mains au triomphe odieux d'un vil
gladiateur; ou bien encore, j'aimais à me figurer
dans cette vaste enceinte, une lutte à la manière antique entre deux adversaires armés de gantelets ou
tout luisants d'huile; ou bien encore quelque combat
à la manière espagnole, entre un taureau vigoureux
et terrible, et le picador et le tauréador, l'un à pied
l'autre à cheval, tous deux revêtus d'un costume
éclatant, tous deux brillants, lestes, courageux,
vrais artistes en ce genre, et qui semblent jouer leur
vie pour le plaisir des dames, comme les chevaliers
des anciens tournois.

Les luttes actuelles de l'amphithéâtre de Nîmes ne
ressemblent sous aucun rapport ni aux uns ni aux
autres; il n'y a rien de la beauté grecque ni de l'antiquité espagnole.

C'est le dimanche et les jours de foire que l'amphithéâtre de Nîmes sert de champ clos aux lutteurs,
mais c'est un spectacle à peu près abandonné. La
bourgeoisie ne se dérange pas pour si peu; les dames
de Nîmes ne veulent point froisser leur toilette du
jour de foire, en s'asseyant sur des gradins ruinés ou
sur la place de ces gradins. Quelques curieux de la
classe ouvrière sont les seuls spectateurs, il n'y a du
reste, rien de moins pittoresque que deux lourdeauds
qui dépouillent leur habit et se collètent comme des
forts de la halle de Paris, que pas une main délicate

9

n'applaudit, et dont le vainqueur n'est guère plus
intéressant que le vaincu.

Ce que sont ces luttes dégénérées, à la lutte antique; les *combats de taureau* de l'amphithéâtre, le
sont aux combats de taureau de l'Espagne. On lâche
dans l'arène un taureau de la camargue maigre et
efflanqué; il entre là, non pas en bondissant, non
pas en roulant des yeux de sang, comme dans les
descriptions espagnoles, mais comme il entrerait dans
un pâtis. Cependant on parvient à le tirer de son indifférence; des enfants armés de houllines de vigne,
qu'ils appellent en leur patois *Badiganes*, le frappent
à coups redoublés en l'excitant au combat en le trai-
tant de lâche, s'il paraît hésiter, des hommes le
poursuivent de sifflets aigus et perçants que les échos
de l'amphithéâtre répètent et prolongent d'une façon
lugubre. Enfin, le pauvre animal s'émeut, il se jette
à droite, à gauche, il bondit et fait une poussière
assez convenable. Après quelques tours dans l'arène,
on le renverse, on le marque, à la croupe, de la lettre
initiale de son propriétaire, *c'est ce que l'on nomme*
une *ferrade*.

Les taureaux qui ont pris le combat au sérieux
ou qui ont jeté en l'air quelques malheureux enfants
sont applaudis, aimés, admirés; ceux qui ne peuvent pas se décider et qu'on n'excite ni avec des sar-
ments de vigne, ni à coups de sifflets, sont poursuivis
de cris outrageants, battus, hués, et leur maître
forcé d'en amener un plus courageux.

La *Maison-Carrée* ou le temple d'Adrien, vint ensuite fixer mon admiration. Ce n'est plus ici ce monument vaste et gigantesque dont nos regards pouvaient à peine, tout à l'heure, mesurer l'étendue;
mais la vue se repose agréablement sur cet édifice. le

chef-d'œuvre de l'architecture antique (1), sur ce
temple merveilleux et presque entièrement conservé.
La forme de ce monument est celle d'un carré long,
isolé, d'où lui vient son nom de *Maison-Carrée*. Dix
colonnes d'ordre corinthien, dont six de front et deux
de chaque côté du portique supportent un entablement richement décoré et couronné par un fronton
d'un goût exquis ; un escalier de quinze marches
conduit au péristile. Un luxe incroyable d'ornements
règne dans tout cet édifice.

Naguère encore cachées sous terre, ou masquées
par les maisons voisines, quelques-unes de ses beautés étaient dérobées aux regards ; mais aujourd'hui, ce
temple antique entièrement déblayé et dégagé des viel-
les masures qui le souillaient de leur contact impur,
a reparu dans toute sa majesté, isolé, sur une belle
place et jouissant presque de son ancienne splendeur.
Le cardinal Alberoni disait de la Maison-Carrée,
qu'il la fallait enfermer dans un étui d'or. Le mot
était juste, car c'est un monument petit par sa masse,
mais grand par ses proportions et son harmonie, que
l'œil embrasse sans effort et qui pourtant remplit l'i-
magination. Jean-Baptiste Colbert pensa sérieusement
à en décorer Versailles et envoya des architectes pour
s'enquérir si le transport était praticable. Un homme
plus grand que Colbert, Napoléon, voulut aussi prendre la Maison-Carrée dans sa main et l'emporter à
Paris, pour en décorer une des places de la capitale.

Mais le plus petit monument romain tenait assez
pour résister aux architectes qui avaient fait Versailles, et n'être pas emporté même dans la main de
Napoléon. La Maison-Carrée a été scellée en terre ; il

(1) L'abbé Barthélemy, *Voyage d'Anacharsis*.

faudrait enlever le pays tout au tour pour l'avoir.
Peut-être croyez-vous qu'il suffirait d'un de ces *mis-
trals* du midi qui balayent quelquefois les cheminées
et les toitures, pour disperser cette gracieuse demeure
des dieux tombés! Eh bien, le vent des barbares a
soufflé sur la Maison-Carrée et elle est encore debout,
c'est à peine s'ils ont écorné ce joyau de l'architecture antique. Sa conservation a cependant quelque
chose de miraculeux, car il paraît que des fouilles
qui ont été faites autour de la Maison-Carrée ont
*établi que cet édifice était entouré d'un vaste por-
tique et se liait à un monument de même forme et y
faisant face.* Pourquoi donc cette partie seule a-t-elle
été épargnée? Est-ce sa beauté qui l'a fait respecter,
ou bien l'absence des emblèmes de l'empire dans sa
décoration extérieure, ou bien encore le monument
« aurait-il survécu et serait-il resté entier à tels ha-
» sards, comme *parle Poldo*, par le bénéfice du point
» de horoscope de sa bonne et fortunée fondation sous
» quelque ascendant bien fortuné, par la quatriesme
» maison, ou lieu du ciel et constitution des planètes,
» ou fines questions qu'on ne pourra jamais résou-
» dre? »

Quant à moi, si j'étais forcé de faire un choix,
j'accepterais volontiers l'explication de Poldo, préci-
sément parce qu'elle n'explique rien. J'aimerais tout
autant croire à l'effet *d'une planète, ou de la quatriesme
maison du ciel,* qu'à des scrupules, qu'assurément n'é-
prouvèrent jamais ces démolisseurs du Nord qui se
ruaient pêle-mêle sur les monuments de l'ancien
monde, sans se préoccuper de leur beauté ou des emblèmes dont ils étaient décorés.

Mais la Maison-Carrée n'eut pas seulement à re-
douter les atteintes des barbares, bien d'autres dan-

gers de mort sont encore venus, jusqu'à nos jours, menacer l'existence de ce précieux monument qui aurait infailliblement succombé, si les *constitutions des planètes et sa fortunée fondation* ne l'eussent encore puissamment protégé.

Dès les premiers temps du christianisme, la Maison-Carrée fut convertie en une église dédiée à Saint-Etienne, martyr. Au XI siècle, on fit de l'église un Hôtel-de-Ville, plus tard elle devint la maison commune et des consuls de la ville; un nommé Pierre Boys en devint ensuite propriétaire, l'ayant reçue en échange d'un emplacement sur lequel on construisit un Hôtel-de-Ville.

Pierre Boys usant et abusant de sa chose, dégrada le mur (1) méridional en y adossant une maison à son usage. Un autre détenteur, bien autrement barbare que Pierre Boys, le sieur Brueis, seigneur de Saint-Chaptes, acquit de ce dernier la Maison-Carrée et en fit une écurie, il réunit les colonnes du péristile par des murailles en briques, et pour cela, détruisit plusieurs cannelures qui gênaient sa bâtisse, et enfonça dans les murs des poutres pour soutenir des crèches et des mangeoires. En 1670, les religieux Augustins l'achetèrent à la famille de ce Brueis, pour en faire une église. Une nef, un chœur, des chapelles, des tribunes prirent la place des greniers, des crèches et des mangeoires. Les religieux creusèrent des sépultures dans le massif qui supporte le péristile. En 1789 la Maison-Carrée fut enlevée aux religieux Augustins pour être affectée au service de l'administration départementale. Ce fut là la dernière épreuve qu'elle eut à subir; depuis lors, elle a été l'objet de soins

(1) *Histoire de Nîmes*, par Mesnard.

constants, elle est entourée d'une grille qui la pro-
tège contre les profanations des vendales de la loca-
lité, qui, dans beaucoup de villes se sont chargés
d'achever ce qui n'avait été qu'estropié par les vendales du V° siècle. Une inscription dorée, sur marbre
noir, apprend aux passants qu'elle renferme aujour-
d'hui un musée de peintures et d'antiques. Quelques
beaux tableaux s'y font remarquer, mais ce modeste
sanctuaire des arts est loin de répondre à la beauté
extérieure d'un édifice dont la grâce, la noblesse, l'é-
légance, non moins que la précieuse conservation,
excite toujours au plus haut degré l'admiration du
voyageur.

Continuant ma course à travers les monuments de
la noble colonie romaine; j'arrivai bientôt, en suivant les boulevards de la ville, et après avoir cotoyé
un long et superbe bassin, au milieu de ces délicieuses et charmantes promenades, connues sous le
nom de la Fontaine de Nîmes.

C'est là le rendez-vous de ce qu'on appelle en tous
pays : le beau monde. On s'y porte en foule à certaines saisons et à certains jours, afin d'y changer la
fraîcheur en chaleur, l'oxygène en azote. Les allées
sont magnifiques, bien dessinées, bordées et entre-
mêlées d'élégants parterres que baignent les eaux
limpides qui filtrent lentement aux pieds des statues
en marbre et des colonnes antiques qui décorent ce
lieu enchanteur.

Le jardin de la fontaine est une promenade délicieuse; en hiver, pendant que nous grelottons dans
nos promenades mal défendues de la bise par des arbres nus et dépouillés, les Nîmois, abrités contre le
vent d'est par la colline d'où sort la fontaine, reçoi-
vent dans ces allées le soleil le plus doux, et jouis-

seut en janvier de ce que nous attendons encore en
mai.

Un embellissement qui ne date que de quelques
années a douné un attrait de plus au jardin de la fontaine. Le coteau qui le domine était inculte et aride.
On ne pouvait le gravir qu'avec de pénibles efforts;
aujourd'hui une allée serpente le long de ce coteau
jusqu'au sommet, et dans les massifs qui séparent
chaque sinuosité de l'allée s'élèvent des arbres verts
dont l'ombre éternelle est bienfaisante en été et agréable à l'œil en hiver.

C'est là que vont chuchoter dans l'ombre crépus-
culaire les amants de la garnison.

Pendant que je parcourais les bosquets fleuris de
la promenade, un événement déplorable vint attrister
ma pensée et troubler les douces rêveries auxquelles
je me livrais ; un malheureux, pressé par la faim, venait de se noyer dans la fontaine. J'arrivai comme
on s'occupait de l'en retirer. La foule était déjà consi-
dérable, et chacun se montrait profondément pénétré de douleur et de regrets! Combien c'est malheureux, s'écriait-on de toutes parts, et cependant une
heure avant personne n'avait tendu la main à la pauvre victime! Quelle injure pour notre civilisation!
car si, dans sa prévoyance, elle eût placé un morceau de pain au bord de la fontaine, peut-être alors
me serais-je rencontré avec ce pauvre homme, dans
une des allées du jardin, au lieu de heurter son cadavre à la place même où elle vient respirer le frais
du soir.

Le malheureux avait bien un moyen de salut,
c'était le vol, c'était l'infamie. Mais ses haillons cachaient un cœur fier, une âme dans laquelle vivaient
encore, dans toute leur énergie, les sentiments de

l'honnête homme ; placé entre la promenade et la prison, il préféra *mourir sur la promenade que de vi-*
vre déshonoré dans la prison... Paix donc à sa fosse
que l'on n'a pas bénie.

C'est au *sommet de la colline appelée aujourd'hui*
Mont-d'Haussez, du nom du préfet qui en a fait un
jardin délicieux, qu'est situé la *Tour-Magne (Turris*
Magna), autrefois *tour immense composée de trois*
étages superposés les uns sur les autres. Ce monument est horriblement dégradé. En 1185, époque où
Nîmes appartenait aux comtes de Toulouse, la.Tour-
Magne devint une forteresse. Aujourd'hui, on y a
perché une loge télégraphique. Dans l'excavation
profonde qui donne à cette tour *l'aspect d'un puits*
dont on aurait arraché un des parois, l'on voit la
cabane en bois peint où l'employé des lignes télégra-
phiques se hisse tous les jours de beau temps par un
escalier dont la petite porte est aux pieds de la tour.
Les partisans de l'utile trouvent qu'on ne pouvait
faire un meilleur emploi de cette magnifique ruine.
Pour moi, j'eusse préféré y voir des nids d'aigle ou de
chat-huant, qu'une cahutte télégraphique.

Quelle a été la destination primitive de ce monument? Etait-ce un *œrarium,* ou trésor public, une
tour de signaux, un phare, un temple? S'il fallait
s'en rapporter aux dissertations archéologiques, la
Tour-Magne a tour à tour été tout cela, ce qui
indique qu'il n'y a rien de positivement établi à cet
égard.

En 1601, un citoyen de Nîmes, François Traucat,
obtint d'Henri IV l'autorisation de faire des fouilles
dans l'intérieur de la Tour-Magne ; toute la ville
s'émut alors d'inquiétude pour la belle ruine. On
murmurait tout haut contre les lettres du roi ; les

uns par un sentiment filial pour l'un des plus beaux monuments de leur ville, les autres par envie contre Traucat, qui ne les avait pas mis en tiers dans la trouvaille. La rancune fut si forte, qu'un conseil général s'assembla, le samedi 4 août, à son de cloches, à l'effet de prendre les mesures pour la conservation de la Tour-Magne. Le jour où les travaux commencèrent, les consuls se transportèrent sur le lieu, accompagnés de prudhommes et des voyers de la ville, et assistèrent aux premières opérations de Traucat. Mais les fouilles furent sans résultat; Traucat y perdit et son temps et son argent, et Henri IV, que le besoin d'argent avait rendu crédule, fut obligé de chercher ailleurs pour satisfaire à *ses urgentes affaires*, ce qu'il espérait trouver dans les trésors des Sarrasins et des Romains (1).

A quelque distance du pied de la colline, à gauche, un reste d'édifice, connu sous le nom de *Temple de Diane*, vient frapper vos regards. La façade primitive n'existe plus, et l'intérieur qui servait de chapelle, en 1430, au monastère des religieuses de St-Sauveur, n'est plus aujourd'hui qu'une belle ruine où l'on trouve à peine les éléments nécessaires pour des restaurations conjecturales. Le Temple de Diane n'a pas aujourd'hui d'autre voûte que le ciel. Il est dans un état de délabrement complet, triste résultat des guerres religieuses qui, sur plusieurs points de la France, ont continué l'œuvre des barbares du cinquième siècle.

Le Temple de Diane a un charme particulier de solitude et de tristesse. L'art qui rebâtit, récrépit, badigeonne, n'a plus rien à y faire et n'y touche plus;

(1) Mesnard, *Histoire de Nimes*.

on le laisse là, seul, abandonné, ne se défendant
plus que par le respect ou par l'indifférence qu'il inspire. Une grille empêche les enfants, ces ennemis
d'instinct de tout ce qui est vieux, d'y venir aider le
temps à consumer ces restes. Une espèce de *Cicerone*,
avec le chapeau à corne de gardien officiel vous ouvre
cette grille et vous bredouille des explications qui
n'ont aucun rapport avec les découvertes de la science.
Ainsi, pendant que les savants discutent si ce monument n'a pas été dans l'origine, un *lavacrum* faisant
partie du système général des bains, un lieu où l'on
prenait des douches sudorifiques, l'impertubable gardien vous montre la place où *les prêtres se cachaient
pour faire parler les Dieux*, le sanctuaire de la sybille
et l'abattoir ou l'on immolait les bœufs du sacrifice.
Des figuiers sauvages, sortis d'entre les fentes, versent
leur pâle feuillage et leur ombre transparente, sur
les débris des chapiteaux et d'entablements qui gisent
aux pieds des murs, comme s'ils voulaient voiler ces
irréparables destructions.

Rien n'est plus touchant que cette ruine que l'on
parviendra difficilement, je crois, quelques efforts
que fassent les savants, à enlever, au monde vague
et mélancolique, des conjectures.

Je quittai, non sans regret, le jardin de la fontaine, pour continuer ma course à travers la cité
romaine, et bientôt mes regards furent attirés par un
beau monument du moyen-âge; je veux parler de la
cathédrale qui est placée sous l'invocation de Saint-
Castor et qui a été construite sur les fondements d'un
temple antique. Horriblement ravagé par le flux et
reflux des tempêtes religieuses du XVI et XVII siècle,
ce monument a subi plusieurs restaurations succes-
sives, dont l'histoire n'est pas sans intérêt, de sorte

qu'aujourd'hui il est entièrement dépouillé de son caractère primitif. Aussi n'a-t-on pu, jusqu'à présent, se procurer aucune donnée sur la forme de la première église qui prit la place du temple romain. On sait seulement, qu'en l'an 808, Charlemagne s'en déclara le protecteur et qu'à cette époque elle était dédiée à la Vierge et à saint Beauzile; en 1096 elle fut reconstruite et consacrée par le pape Urbain II. En 1569, les protestants victorieux, décidèrent que toutes les églises catholiques seraient démolies et la démolition de la cathédrale fut adjugée au rabais, dans la salle de l'Hôtel-de-Ville.

Mais en 1609, sur la fin du règne d'Henri IV, les catholiques commencèrent à la reconstruire, les travaux durèrent jusqu'en 1621. Dans l'intervalle, les chanoines de la cathédrale célébraient le service divin dans un ancien réfectoire du couvent converti en église provisoire. En 1621, les échafauds venaient à peine d'être enlevés, quand la cathédrale, nouvellement reconstruite, fut détruite de nouveau par les protestants, et avec elle l'église provisoire qui en avait tenu lieu pendant douze ans (1).

A cette époque Nîmes était livrée au duc de Rohan. Les jours de persécution avaient recommencé pour les catholiques, et s'il est vrai que les chefs protestants montraient de la modération et promettaient sûreté et assurance à ceux des catholiques qui voudraient demeurer dans la ville, et pleine liberté d'en sortir, s'ils s'y croyaient en danger; il est vrai aussi que le peuple s'échauffait de plus en plus contre ses anciens ennemis. On parlait de catholiques blessés par des protestants, la veille de Noël, comme ils ren-

(1) *Histoire de Nîmes*, par Mesnard.

traient chez eux après avoir assisté à la messe de minuit. Les mots de *Philistins*, de *Papistes* retentissaient de nouveau dans les rues, au passage des prêtres et des chanoines. Les curés ne pouvaient sortir de la ville pour enterrer les morts, dans les cimetières, qu'avec des gardes et un laisser-passer des consuls, ce laisser-passer indiquait le nombre de prêtres dont ils avaient permission de se faire assister. Mais cette dernière tolérance cessa bientôt tout à fait, il leur fut défendu de porter le saint Viatique aux malades, défense qui pouvait paraître une persécution, quoique ce fut une simple mesure de prudence de la part des consuls ; on voulait ôter, dit un écrivain recommandable, à la populace, tout prétexte de violence et retenir chez eux quelques prêtres fanatiques, jaloux de souffrir le martyr de quelque insulte dans les rues, et de se faire un titre des brutalités de la populace, auprès du parti catholique redevenu le plus fort. Enfin, le lundi 29 novembre 1621, après une victoire remporté dans les rues, par la populace protestante, des groupes de religionnaires s'assemblèrent en tumulte sur la place de Notre-Dame, c'étaient des *travailleurs de bonne volonté*, qui venaient mettre à exécution la décision prise par les partisans du duc de Rohan et démolir la cathédrale. Cela se fit très-régulièrement, et après un signal donné à son de trompe ; alors les travailleurs se précipitèrent dans l'église ; on n'y avait pas encore dit la messe ; ils montèrent au haut de l'édifice, découvrirent le toit, rompirent les voûtes et en emportèrent la charpente ; après le toit ils attaquèrent la charpente, le corps de l'église, abattirent les murailles latérales, et mirent tout à ras-terre, sauf le mur ou était la porte d'entrée, et le clocher qu'ils

laissèrent debout parce qu'on en avait besoin pour y
mettre des sentinelles (1).

Le même jour ils allèrent se jeter sur l'église provisoire qui servait alors de cathédrale et qui était peu
éloignée de Notre–Dame. Le curé de la cathédrale,
nommé Richard de Beauregard et les ecclésiastiques
composant le chapitre, se disposaient à chanter vêpres, quand ils entendirent les cris des religionnaires
qui venaient démolir l'église, ils eurent le temps de
sauver le Saint-Sacrement avec le Saint-Ciboire, et
une custode en forme de soleil qui avait été donnée
par un grand personnage ; tout le reste, vases sacrés,
reliquaires, chasubles, ornements d'église, tout fut
pillé et pris ; on vit un des leurs, nommé *Sansom*,
cordonnier, courir dans les rues, ayant sur sa tête
la mitre épiscopale, et suivi d'une troupe de peuple
qui l'applaudissait par des huées. Les témoins dési-
gnèrent aussi une jeune fille *qui avait emporté « un*
» *crucifix relevé en bosse, auquel manquait ung bras. »* Et
d'après la rumeur catholique, les religionnaires seraient allé plus loin ; ils auraient ouvert les tombeaux
de l'église, pénétré dans le caveau des chanoines et dé-
terré le corps de Philipe Eyroux second archidiacre,
mort depuis à peine deux mois ; ils lui auraient enlevé son surplis, ses gants, son bonnet et tous ses
autres vêtements, arraché la bague qu'il avait au
doigt, et même, ajoutaient les ouï–dires, séparé la
jambe du tronc, en voulant tirer ses bas de chausse.
La bière même avait été emportée avec le reste du
butin. Il est vrai que Philipe Eyroux était peu
aimé du peuple, deux mois avant sa mort, il avait
été le sujet d'une sorte d'émeute nocturne, ses fenêtres

(1) *Histoire de Nîmes*, par Mesuard.

avaient été brisées à coups de pierres par des religionnaires qui lui criaient *sors capelan*. Après ce coup,
les mêmes hommes étaient allés à un moulin à huile,
tenu par un nommé Jehan Viau, catholique, et lui
avaient déchiré son livre de compte, où figuraient,
sans doute, quelques-uns d'entre eux pour lui avoir
fait presser des olives. Tristes épisodes de cette lutte
opiniâtre qui, pendant des siècles désola les contrées
du Midi, et qui, cependant, avait lieu entre deux
cultes, dont l'un, le catholicisme, se glorifiait d'a-
voir retiré le monde des ombres du paganisme; et dont
l'autre, la réforme, s'annonçait parmi les hommes,
pour fonder un nouveau règne de lumière. Mais lais-
sons là ces souvenirs qui navrent l'âme et que, pour
l'honneur de l'humanité, il faudrait pouvoir effacer
de l'histoire, et revenons au monument qui nous
occupe.

Par arrêt du conseil d'Etat du 14 novembre 1636,
le roi en ordonna la réédification aux frais des habitants du diocèse de Nîmes, tant protestants que catholiques. Ce grand travail fut terminé en 1646.

On voit, d'après cela, que la cathédrale de Nîmes
dont la destinée fut si étrange appartient à plusieurs
époques. Qu'ainsi, les fondements datent de celle
d'Auguste; l'intérieur du XVII siècle, et la façade,
des XI et XVII° siècles.

Il restait encore à Nîmes une chose que je désirais
beaucoup voir, et qui, pour moi, devait offrir tout
autant d'intérêt que ses monuments; c'était son poète,
le boulanger Reboul; mais comment satisfaire ma
curiosité à cet égard. Je ne connaissais personne à
Nîmes, je n'avais aucune lettre de recommandation.
Toutefois, et au milieu des réflexions que m'inspirait
l'embarras de cette situation, l'idée me vint de m'a-

dresser au boulanger pour voir le poète ; je priai
donc un petit jeune homme qu ,e rencontrai en sortant de la cathédrale, de vouloir bien m'indiquer la
maison de Reboul, il offrit de m'y accompagner,
j'acceptai, et nous nous acheminâmes vers une petite
rue étroite et de la plus humble apparence ; à peine
y avions-nous fait quelques pas, que mon guide s'arrêta et me dit : voilà la maison du boulanger Reboul.
*Et mon étonnement ne fut pas médiocre lorsque j'ap-
pris que c'était là la modeste demeure de ce poète si
rempli de sentiment et de grâce, auquel Nîmes est
fière d'avoir donné le jour.* Oui c'est là que le poète
boulanger, fidèle à son premier état, vit calme et
paisible sans souci d'une renommée qui vient, à son
insçu, parer son front de lauriers noblement cueillis.
C'est ici, dans un petit et simple réduit, qu'il reçoit
tous les étrangers curieux de voir et de connaître un
homme auquel la nature et son cœur ont révélé les
charmes divins de la poésie.

Après avoir remercié mon guide, j'entrai dans la
boutique du boulanger ; il n'y avait personne, mais
j'aperçus dans le fond d'une arrière-boutique dont
la porte était ouverte, un homme dont la tête était
coiffée d'un bonnet de coton, coquettement rabaissé
sur l'oreille ; sa poitrine large et velue était découverte, et les manches de sa chemise entièrement re-
levées jusqu'au coude, laissaient voir un bras fort et
vigoureux. C'était le boulanger Reboul ; il était occupé d'enfourner son pain. Je frappai, mais Reboul
n'entendit rien, le poète dans ce moment venait sans
doute d'effacer le boulanger, et le poète rêvait ; je
frappai une seconde fois! Qu'y a-t-il, s'écria alors
une voix forte et sonore, qu'y a-t-il pour votre service ? — Je désirerai un petit pain. — Il y en a sur

le *soleil.* — Cette réponse, un peu laconique, n'était guère de nature à me satisfaire. C'est très-bien, répliquai-je aussitôt, mais je n'ai point de monnaie, il faudrait avoir la bonté de me changer une pièce de cinq francs. Force fut bien alors au boulanger, de venir me présenter le poète, et pendant qu'il était occupé à compter la monnaie qu'il avait à me remettre, je l'examinai de mes deux yeux; c'était un homme de 40 à 45 ans, d'une taille moyenne, aux cheveux et aux sourcils bruns avec des dents d'ivoire; ses yeux noirs sont pleins de feu, ils sont faits pour exprimer l'amour ou la colère.

Nos plus grands poètes ont voulu entrer en commerce avec lui, et notre Lamartine lui-même n'a pas dédaigné de lui adresser quelques stances, célébrant, à son tour, le *génie dans l'obscurité*. Ecoutons comment l'auteur des *Méditations et des harmonies*, explique au poète Nimois, tout le secret de son talent.

A M. REBOUL.

Le souffle inspirateur, qui fait de l'âme humaine
    Un instrument mélodieux,
Dédaigne des palais la pompe souveraine;
Que sont la pourpre et l'or à qui descend à peine
    Des palais rayonnants des cieux?

Il s'abat, au hasard, sur l'arbre solitaire,
    Sur la cabane du pasteur,
Sous le chaume indigent des pauvres de la terre,
Et couve, en souriant, un glorieux mystère
    Dans un berceau mouillé de pleurs!

C'est Homère endormi, qu'un esclave, sans maître,
    Réchauffe de son seul amour;
C'est un enfant, chassé de l'ombre de son hêtre,
Qui pleure les chevreaux que ses pas menaient paître,
    Et qui sera Virgile un jour!

. . . .
. . . .

Ne t'étonne donc pas qu'un ange d'harmonie
　　　　Vienne d'en haut te réveiller;
Souviens-toi de Jacob, les songes du génie
Descendant sur des fronts qui n'ont, dans l'insomnie,
　　　　Qu'une pierre pour oreiller.
　　　........... etc., etc.

Voulez-vous savoir, par quels accords le boulanger de Nîmes a répondu aux accents de notre poète. Ecoutons-le chanter à son tour.

A M. DE LAMARTINE.

Mon nom, qu'a prononcé ton généreux délire,
Dans la tombe avec moi ne peut être emporté;
Car toute chose obscure, en passant par ta lyre,
　　　　Se revêt d'immortalité.

S'il est vrai que ma muse, en plus d'une mémoire,
A laissé des accords et des pensers touchants,
Chantre, ami, qu'à toi seul en retourne la gloire;
　　　　Mes chants naquirent de tes chants.

C'est toi qui fut pour moi cet ange de lumière,
Qui se laissa tomber du haut du firmament,
Et qui, sur le palais comme sur la chaumière,
　　　　Se repose indifféremment.

Tu t'abattis vers moi des sphères immortelles,
Tu me vantas l'éclat, les chœurs mystérieux,
Et soudain, comme toi, je secouai mes ailes,
　　　　Et nous partîmes pour les cieux....
　　　........... etc., etc.

Mais c'est surtout par un sentiment délicat et une grâce exquise, que brille le talent poétique de M. Reboul... Peut-être me saurez-vous gré, lecteurs, de mettre ici sous vos yeux, une petite pièce de son recueil, qui me semble un véritable modèle en ce genre.

ÉLÉGIE

D'UNE MÈRE SUR LA MORT DE SON JEUNE FILS.

　« Un ange, au radieux visage,
　» Penché sur le bord d'un berceau,
　» Semblait comtempler son image
　» Comme dans l'onde d'un ruisseau.

10

» Charmant enfant qui me ressemble,
» Disait-il, oh! viens avec moi,
» Viens, nous serons heureux ensemble,
» La terre est indigne de toi. »

Là, jamais entière allégresse,
L'âme y souffre de ses plaisirs,
Les cris de joie ont leurs tristesses,
Les voluptés ont leurs soupirs.

Eh quoi! les chagrins, les alarmes
Viendraient troubler un front si pur,
Et par l'amertume des larmes,
Se terniraient ces yeux d'azur.

Non, non; dans les champs de l'espace,
Avec moi tu vas t'envoler;
La providence te fait grâce
Des jours que tu devais couler.

Que personne, dans ta demeure,
N'obscurcisse ses vêtements,
Qu'on regarde ta dernière heure
Ainsi que tes premiers moments.

Que les fronts y soient sans nuage,
Que rien n'y révèle un tombeau,
Quand on est pur, comme à ton âge,
Le dernier jour est le plus beau.

Et secouant ses blanches ailes,
L'ange, à ces mots, a pris l'essor
Vers les demeures éternelles....
Pauvre mère, ... Ton fils est mort!....

CHAPITRE XII.

Pont du Gard.

Le lendemain, l'imagination encore pleine de tous les souvenirs que j'avais recueilli dans la *Rome gauloise*, par un soleil brûlant, et traîné sur l'un de ces modestes chars, connus dans le pays sous le nom de carioles, je dirigeai mes pas vers les rives du Gard. Après avoir traversé les défilés affreux de Gaujac et de Valignières, et laissé à ma gauche le joli bourg de Remoulins, qu'un pont élégant et gracieux unit au bourg opposé, j'arrivai bientôt auprès de cet aqueduc sublime, de la merveille du Languedoc, *dont le magique aspect étonne, ravit le voyageur, et laisse toujours son imagination en deçà de la réalité.* Il y a en effet quelque chose de si étrange de trouver un monument hors de l'enceinte des villes, un édifice à n'être point vu, de l'architecture *pour les voleurs, les* vagabonds ou les loups ; car l'aqueduc, n'était après tout, qu'un conduit d'eau, avant que les modernes y eussent accolé un grand chemin, et les Romains, pour atteindre ce but, si minime en apparence, n'hésitèrent point à façonner un mont en triple rangée d'arcades, dans ces lieux privés de toute culture, au sein des bruyères et des rochers escarpés. C'est que le laborieux génie de Rome, dit un écrivain distingué (1), « improvisait *les merveilles en courant dans* » ses provinces; il n'était pas une montagne à qui » elle ne demandât la moitié de ses pierres pour s'a- » doucir une grande route, se décerner des arcs de » triomphe, se bâtir des pavillons de repos; et de » quel cœur les nobles enfants de Rome se met- » taient à l'ouvrage! Un poète nous a révélé, en » trois mots, tout le secret de cette opiniâtre cons- » tance des légionnaires romains, de leur ferveur in- » comparable au soleil du chantier; *vincit amor pa-* » *triæ*.... Chaque soldat apportait son grain de pierre » au monument, en pensant à l'honneur qui devait » en rejaillir sur la cité capitoline. Ils jouissaient de » l'admiration que la merveille bâtie exciterait chez » les peuples vaincus. La construction d'un édifice » colossal était aussi fructueuse à Rome, que la ma- » gie d'une victoire. Il n'était pas un de ses soldats » qui ne se recueillit au chantier pour écouter ce cri » de stupeur que le siècle futur pousserait devant les » œuvres de Rome, et cet éloge lointain embaumait » leur sueur ; on ne gravait point sur les dalles les » numéros des légions qui les avaient équarries, c'é- » tait Rome qui faisait tout. Le Pont du Gard n'est

(1) Mery , (Italie des Gaules).

» pas signé, dites-nous le nom de l'architecte? C'est
» Rome qui l'a bâti. »

On peut dire de certains ouvrages des Romains, ce
qu'on a dit de Dieu, cela était parce qu'ils le voulaient; et d'un autre côté, lorsque l'on en considère la
grandeur et l'utilité, ne serait-on pas tenté de croire
que ces fiers conquérants de l'univers en assujettissant
les peuples, n'avaient en vue que leur bonheur. Mais
si un pareil joug n'a rien de révoltant, si les bienfaits répandus à grands flots par la main du vainqueur, peuvent adoucir les horreurs de l'esclavage,
est-il rien qui puisse dédommager de la perte de la
liberté?

Une inscription, découverte sur un aqueduc qui
n'est que la suite de celui du Gard, attribue l'honneur de cette magnifique construction, au gendre
d'Auguste Agrippa, que ses goûts hydrauliques avaient
fait qualifier de *curator perpetuus aquarum*, curateur
perpétuel des eaux ; cet admirable monument est bâti
en pierre de taille, sans ciment et est formé d'un
triple rang d'arcades élevées les unes sur les autres,
jetées sur les eaux du Gardon et joignant deux montagnes escarpées, sises sur les deux rives du fleuve.

Le premier étage a six arcades, c'est sous la seconde
du côté de la rive gauche que coule le Gardon, dans les
eaux ordinaires; cette arcade est plus grande que les
cinq autres. La hauteur de l'étage est d'environ
soixante pieds, le second rang se compose de onze
arcades, sa hauteur est la même que celle du premier;
l'étage supérieur présente trente-cinq arcades égales
ayant environ douze pieds d'ouverture, c'est sur ce
troisième rang que se trouvait l'aqueduc.

Des dalles de plus de six pieds de largeur et d'une
seule pièce couronnent l'édifice, et recouvrent l'aque-

duc. Ceux qui ne craignent pas de se sentir à cent cinquante pieds en l'air, marchant sur des dalles de six pieds de large, au-dessus d'une rivière dont le lit est de roc vif, peuvent jouir de la vue d'un de ces beaux paysages sévères et ardents comme en offre la nature du Midi. Pour mon compte, je l'avouerai, je n'eus point le courage, à mon grand regret, de faire cette ascension aérienne, aussi fus-je privé du plaisir de voir un des points de vue les plus merveilleux que présente le Languedoc.

Le Pont du Gard, comme tous les monuments romains, qui existaient lors de l'invasion des barbares, fut souillé de leurs mains sacrilèges, ils le mirent hors de service; mais ils respectèrent le corps de l'édifice qui existe aujourd'hui presque dans toute son intégrité.

Le 6 mars 1430, Charles VII le visita et y fit faire quelques réparations nécessitées par les inondations récentes. Cent trente-quatre ans plus tard, le duc de Crussol y reçut Charles IX, et au moment où il passait près de la grotte qui est près du pont, douze jeunes filles, en costume de nymphes, vinrent lui offrir des confitures!.. Des confitures au bourreau du vénérable Coligny, quel non-sens, ou plutôt quelle amère ironie! c'était du sang qu'il fallait offrir à ce prince cruel et fanatique, c'était la seule gracieuseté qui fût digne du héros de cette nuit funèbre que l'histoire a si justement flétri sous le nom de la *Saint-Barthélemy*. Naguère les visiteurs du Pont du Gard avaient le spectacle d'une troupe de bohémiens qui campaient au bas du pont dans la grotte même d'où sortirent les nymphes de l'invention du duc de Crussol, mais je ne fut point assez heureux pour voir le contraste de cette misère pittoresque avec la grandeur de l'art ro-

main ; j'en eus peu de regret toutefois, car la tradition
rapporte, qu'au nombre de ces *boumians*, comme on
les appelle dans le pays, on avait la douleur de voir
des jeunes filles, aux grands yeux bruns lascifs, au
visage cuivré, pieds nus, la robe coupée ou plutôt
déchirée jusqu'aux genoux, dansant devant la foule
en s'accompagnant d'un bruit de castagnettes, qu'elles
faisaient avec leurs mentons ; les hommes à demi-
nus, sales, deviennent, dans les jours de foire, tour
à tour marchands, maquignons, mendiants, saltim-
banques ; ils savent voler au besoin ce qu'on ne leur
donne pas ; ils demandent toujours du ton de gens qui
prendront ce qu'on leur refuse. Les petits enfants en
ont grand peur, parce que souvent on les en menace
comme d'un *croquemitaine*, et les mères, qui leur font
ces menaces pour apaiser leur cris, en ont plus peur
encore, car les bohémiens passent pour enlever les
enfants ; ils vivent en général de chiens et de chats
qu'ils tuent dans leurs excursions crépusculaires.
L'hiver on ne les voit pas, où vont-ils, d'où viennent-ils ?

Sait-on d'où nous vient l'hirondelle!

La vue du Pont du Gard, de cette grande construction solitaire qui se cache entre deux montagnes, et
franchit si hardiment de l'une à l'autre, en présentant
des arcades immenses qui encadrent des horizons tous
entiers et que revêt d'un jaune d'or, le beau soleil
du Midi ; puis cette petite rivière si vieille et si fraîche
qui semblait en ce moment dormir, et coulait comme
une nappe d'huile sous l'immense aqueduc, ces vi-
gnes semées çà et là tout à l'entour et dont le feuillage robuste et charnu résistait seul au milieu d'une
verdure mourante au soleil et au vent aride du nord ;
tout cela, en me remplissant d'enthousiasme, vint di-

gnement couronner un voyage durant lequel je ne
cessai d'éprouver les jouissances les plus vraies et les
plus durables. Toutes ces grandeurs, en effet, de la
nature et de l'homme qui tour à tour s'offrirent à mes
regards et excitèrent mon admiration, ont laissé dans
ma pensée quelque chose de plus grave que des souvenirs d'une curiosité satisfaite. Il y a une mystérieuse éducation dans la contemplation de ces grandes harmonies. Il y a de profonds enseignements dans
tous ces monuments d'un passé dont la gloire est im-
périssable comme ses souvenirs, et si cela ne donne
pas le génie à qui ne l'a pas reçu du ciel, cela en-
tretient et perfectionne la sensibilité qui nous dédom-
mage de n'avoir pas le génie.

Trois jours après j'avais revu l'Auvergne, ma patrie bien-aimée. Les légions romaines ont aussi laissé
dans cette contrée, des traces de la grandeur et du
génie de Rome. Mais là du moins, les nobles enfants
de la Gaule peuvent les contempler sans humiliation
pour leur orgueil, car si elles y attestent encore la
domination des Romains, elles rappellent en même
temps les héroïques et glorieux efforts qu'inspira à
leurs pères, l'amour de l'indépendance et de la liberté, et qui firent échouer, sous les murs de Ger-
govia (1), la fortune de ces fiers conquérants qui,
jusques là, avaient fait trembler le monde.

Je n'y retrouvai point toutefois, ni cette nature
ardente et sévère que je venais d'admirer, et sur laquelle le ciel déploie des splendeurs inconnues aux

(1) Ville célèbre chez les anciens Arvernes. Elle était située sur
une montagne qui en porte le nom, à une lieue sud-ouest de Clermont-Ferrand. C'est là que la grande armée des Celtes s'était re-
tranchée avec tous les habitants du pays, pour résister à celle de
César qui fut forcé de lever le siége.

autres contrées, et se pare de ces teintes bleues qui
donnent tant de charmes aux paysages du midi, ni
cet air tiède chargé de mille parfums, facile et doux
à la poitrine, et que j'éprouvais tant de délices à respirer. Mais en revanche, que de richesses et de merveilles qui lui sont propres, l'ancien pays des Arvernes étalait à mes regards ravis! Que de trésors en
effet répandus dans ces belles et fertiles plaines de la
Limagne! Que de charme et de poésie, que de gaîté
ou de mélancolie, dans ces riants coteaux, dans ces
vallons si délicieux et si frais, dans ces sombres forêts
dont la nature s'est plu à embellir cette heureuse
contrée; mais surtout que de grandeur et de majesté
dans ces montagnes qui élancent leurs crêtes vers les
cieux et dont les flancs calcinés, déchirés, attestent les
convulsions affreuses qu'elles ont éprouvées. De pa-
reilles beautés étonnent et ravissent l'imagination
quel que soit le pays dans lequel on les rencontre.
Mais de combien d'attraits ne se parent-elles pas encore lorsqu'elles se produisent entourées de ces douces
pensées, de ces pieux souvenirs, de ces affectueuses
sympathies qui se rattachent au sol natal et au foyer
de la famille. Oh! quelles sont délicieuses et tou-
chantes alors les émotions dont s'enivre, à leur aspect merveilleux, le voyageur attendri. Telles furent
celles que réveilla dans mon âme mon retour dans
cette contrée chérie....... Rien ne repose comme les
jouissances du cœur, aussi y fus-je bien vite délassé
des fatigues de mon voyage dont il ne me resta bientôt
plus que les *souvenirs* que je viens de retracer.

Le lecteur les trouvera fort incomplets sans doute,
et dépouillés de ces couleurs brillantes qu'aurait pu
leur donner une plume plus exercée, mais peut-être
auront-ils quelques droits à sa bienveillante indul-

11

gence, s'il veut bien se rappeler que cet œuvre modeste n'appartient ni à un artiste ni à un savant, et
n'est et ne veut être autre chose, que le récit simple
et fidèle des impressions d'un voyageur.

FIN.

TABLE

DES MATIÈRES.

Clermont-Ferrand , imprimerie de Pérol.

www.ingramcontent.com/pod-product-compliance
Lightning Source LLC
Chambersburg PA
CBHW072113090426
42739CB00012B/2959